AF313395

SOLFÉGE D'ENSEMBLE

EN TROIS PARTIES

CONTENANT

DES DUOS, TRIOS, QUATUORS, CHŒURS ET MORCEAUX D'ENSEMBLE

Dédié à Monsieur

LE COMTE DE SALVANDY

MINISTRE DE L'INSTUCTION PUBLIQUE

PAR

A. PANSERON

Professeur de Chant au Conservatoire et Membre de la Légion-d'Honneur

Prix net : **12 francs.** — Chaque, net : **5 fr**

La Première Partie

Contient 78 Morceaux faciles à 2 et 3 Voix sur deux clefs de Sol et une clef de Fa 4me ligne.

La Deuxième Partie

Contient 42 Morceaux difficiles sur toutes les clefs en usage aux Chanteurs. C'est dans cette partie du Solfége
que l'on trouvera des modéles de style de toutes les célébrités anciennes et modernes

DEPUIS

PALESTRINA, MARCELLO, CLARY, CORELLI, HAENDEL, GLUCK, MATTEI, HAYDN, MOZART, BEETHOVEN,

JUSQU'À

SPONTINI, ROSSINI, AUBER, MEYERBEER, HALEVY, ADAM & LEBORNE.

La Troisième Partie

Renferme Vingt Morceaux religieux avec Paroles françaises ou latines. On y trouve
des Duos, Trios, Quatuors, Chœurs et Morceaux d'Ensemble
pour toute espèce de Voix, sur des Sujets bibliques, des Idylles et des Cantiques, Kyrie, O Salutaris,
Benedictus, Requiem, de Profundis, Incarnatus est, Pie Jesù et Fugues, etc.

PARIS

CHEZ L'AUTEUR, RUE HAUTEVILLE, N° 24

ET CHEZ TOUS LES MARCHANDS DE MUSIQUE

Propriété de l'Auteur.

1847

N.° 79.

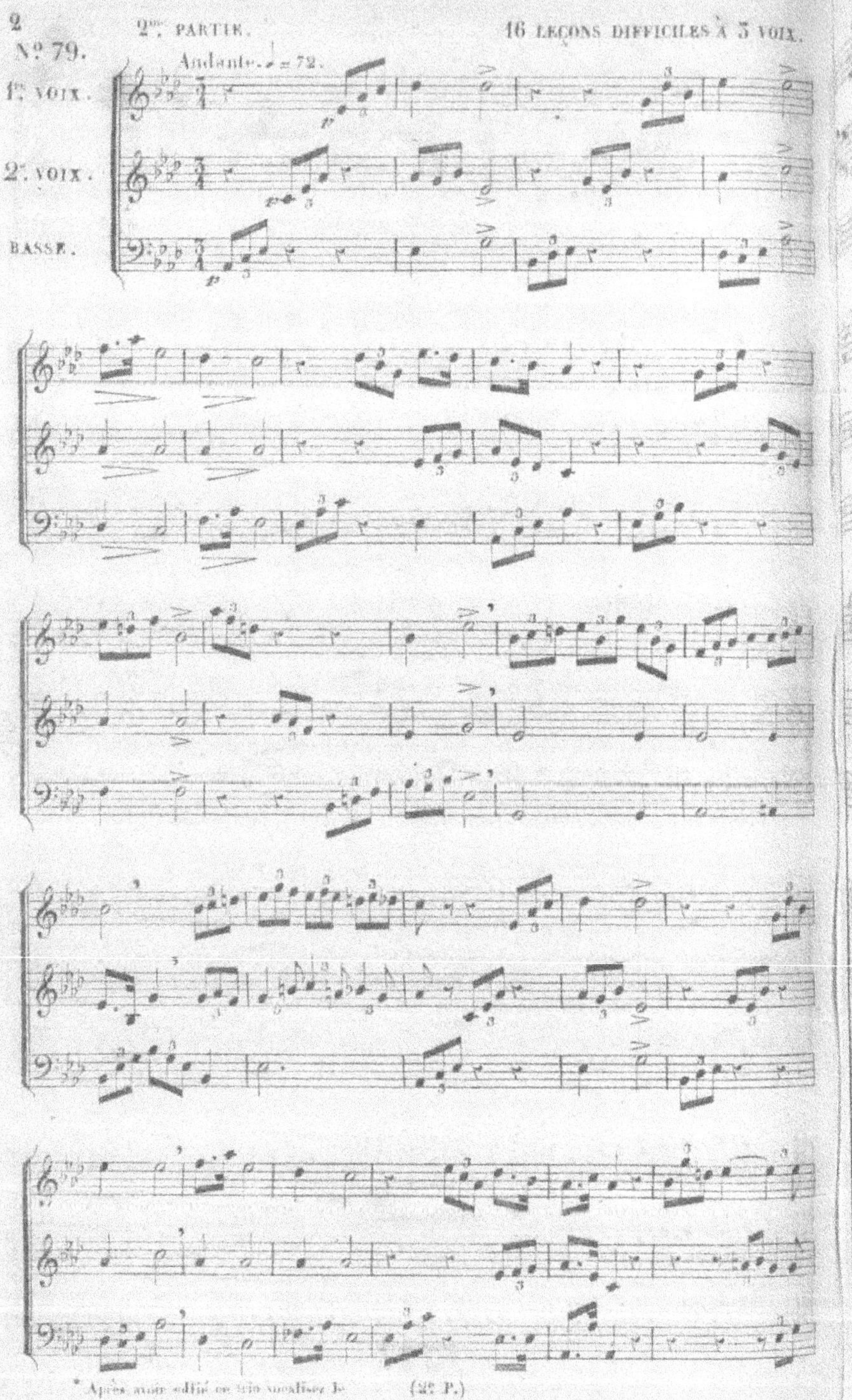

* Après avoir solfié ou bien vocalisez le   (2ᵉ P.)

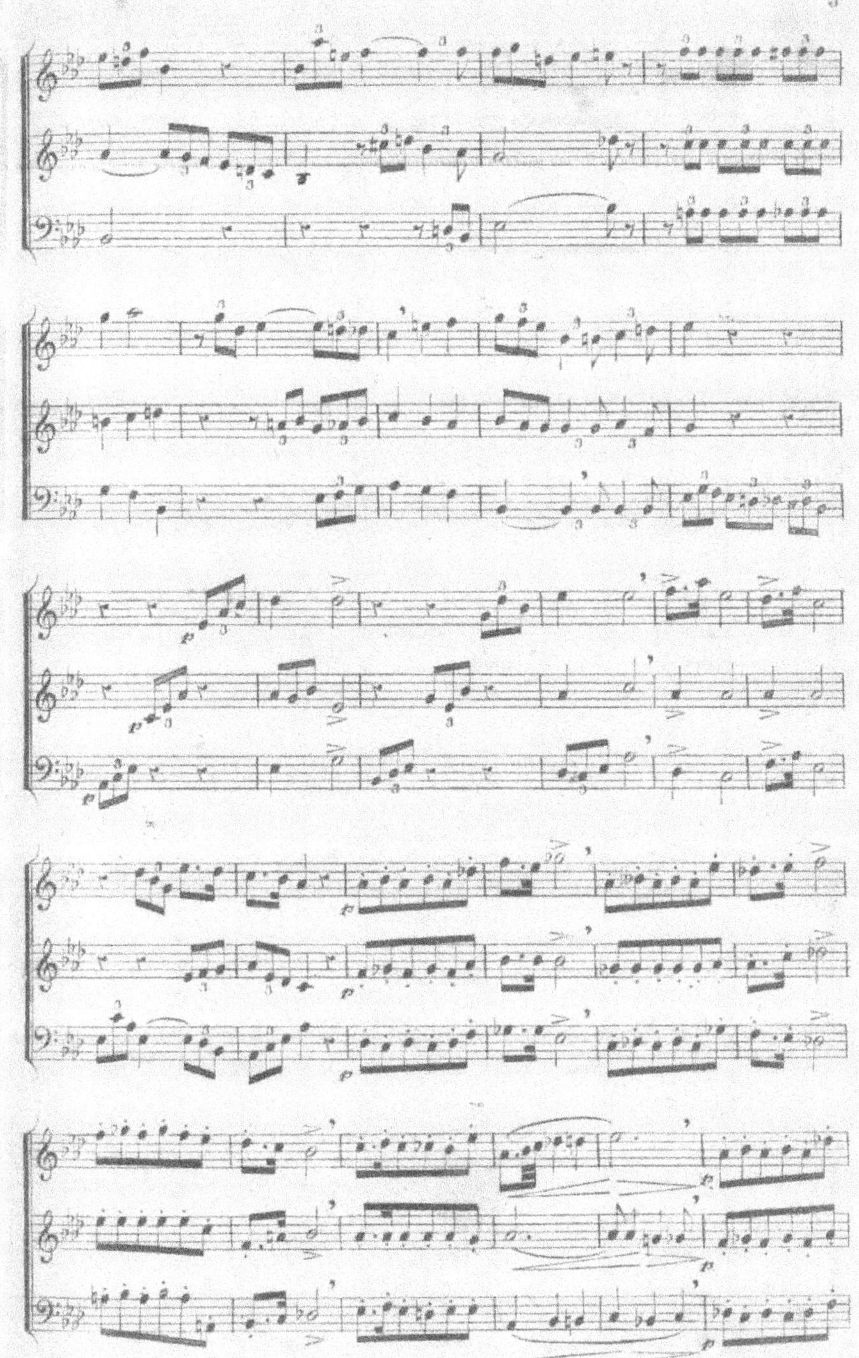
(2e P.)

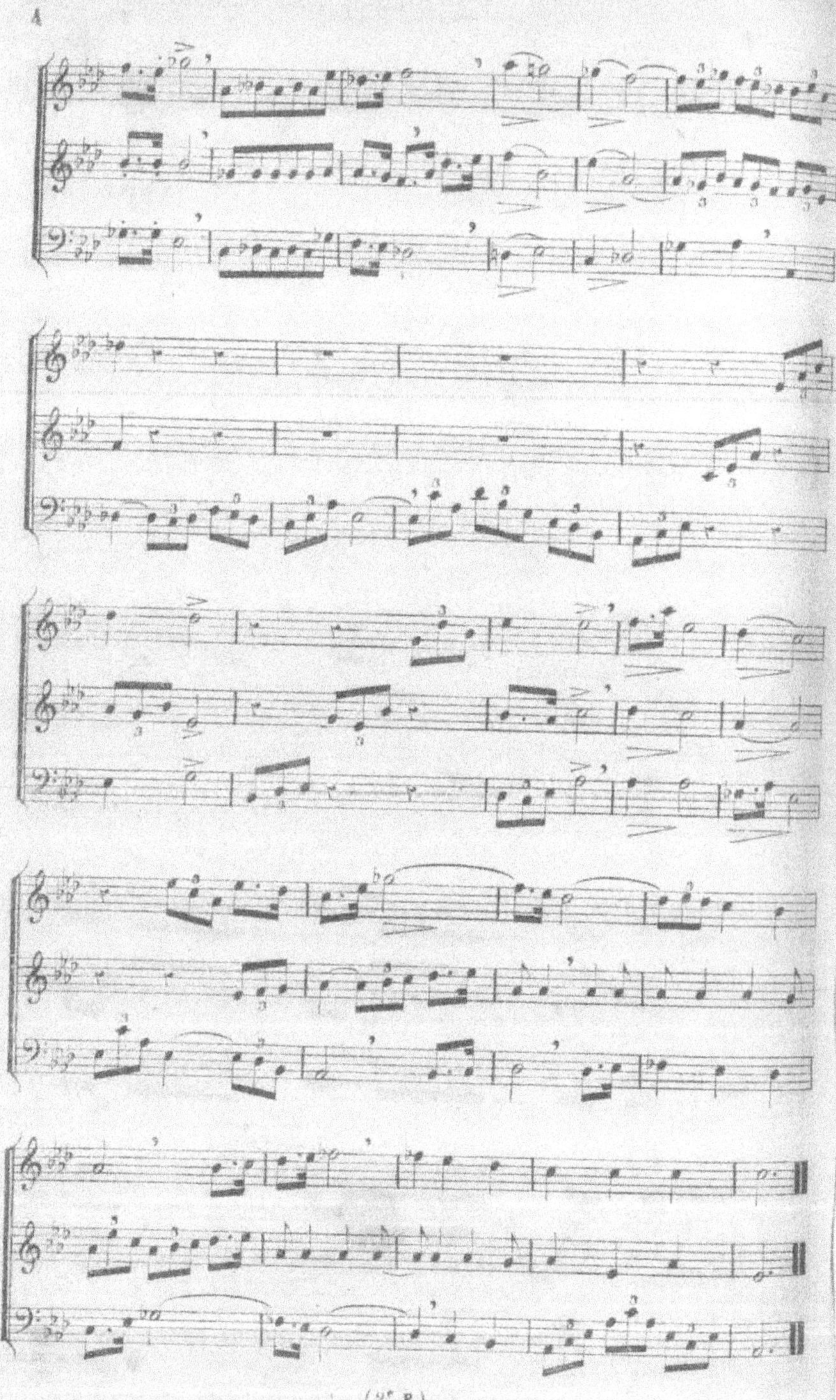
(2ᵉ P.)

Nº 80.
1ᵉʳ SOPRANO.
2ᵈ SOPRANO.
BASSE.
Allegro moderato. ♩=96.
CLARY.
p
p
p
(2ᵉ P.)
5

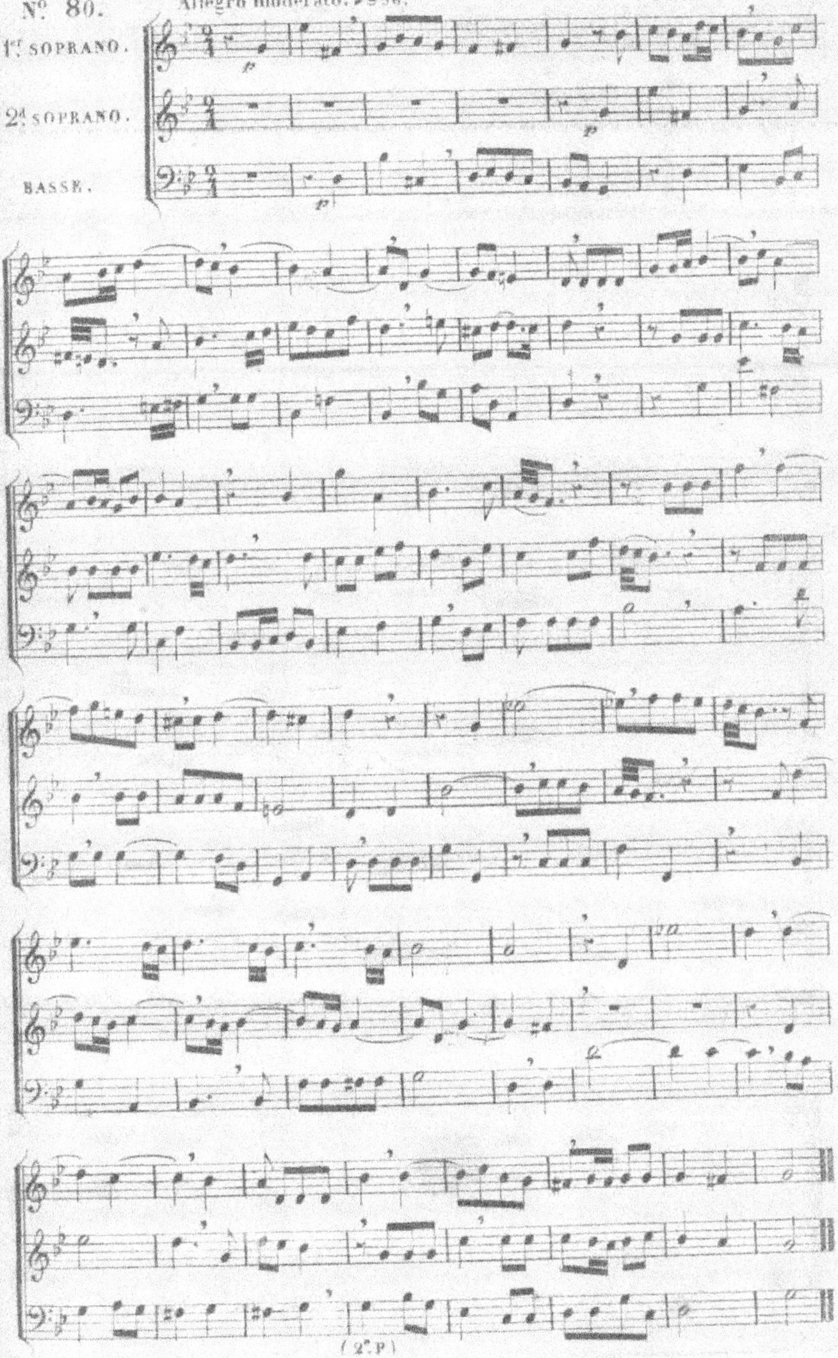

Nº 81.   Andantino. ♩ = 120   MARCELLO

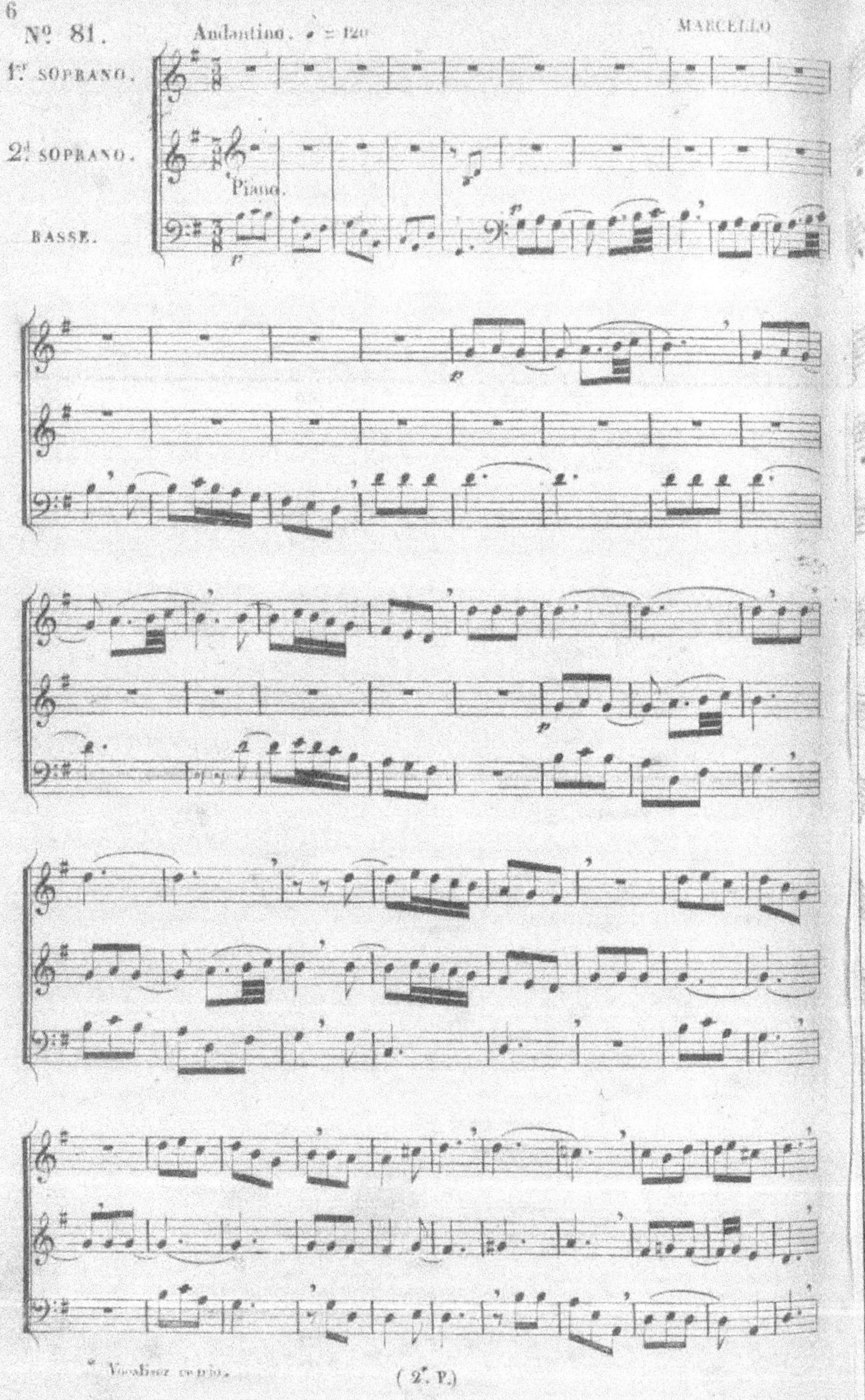

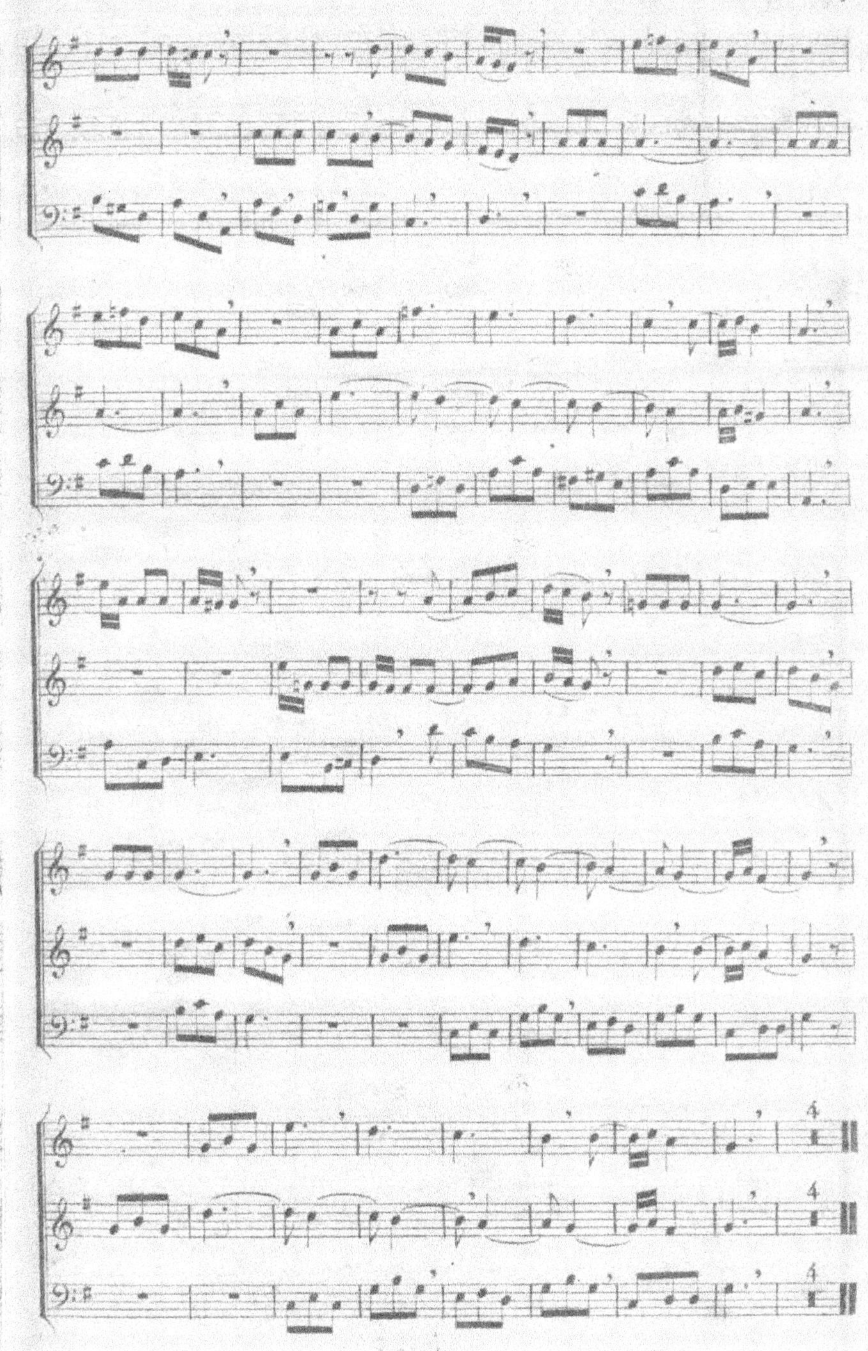
(Z. P.)

MARCELLO.

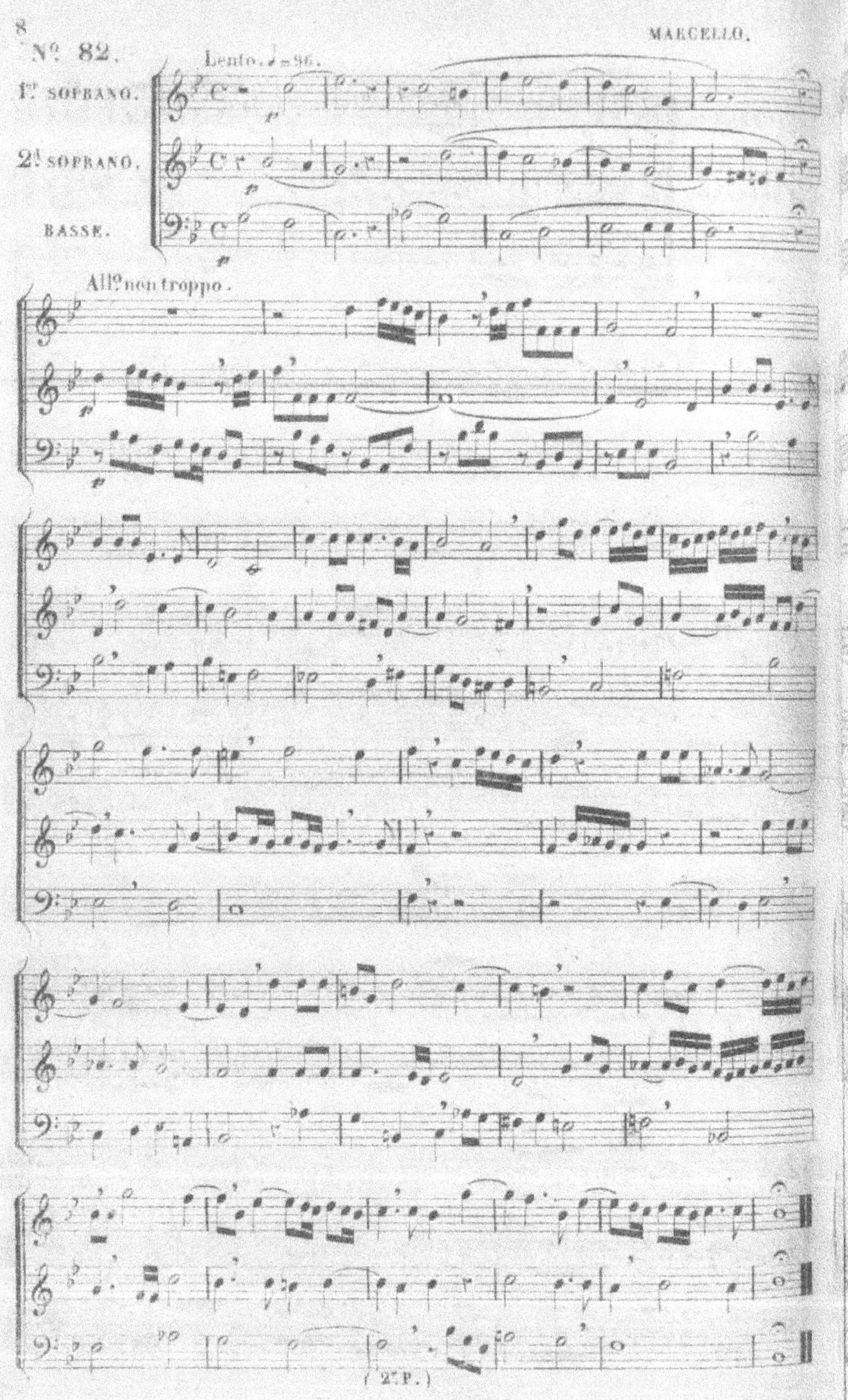

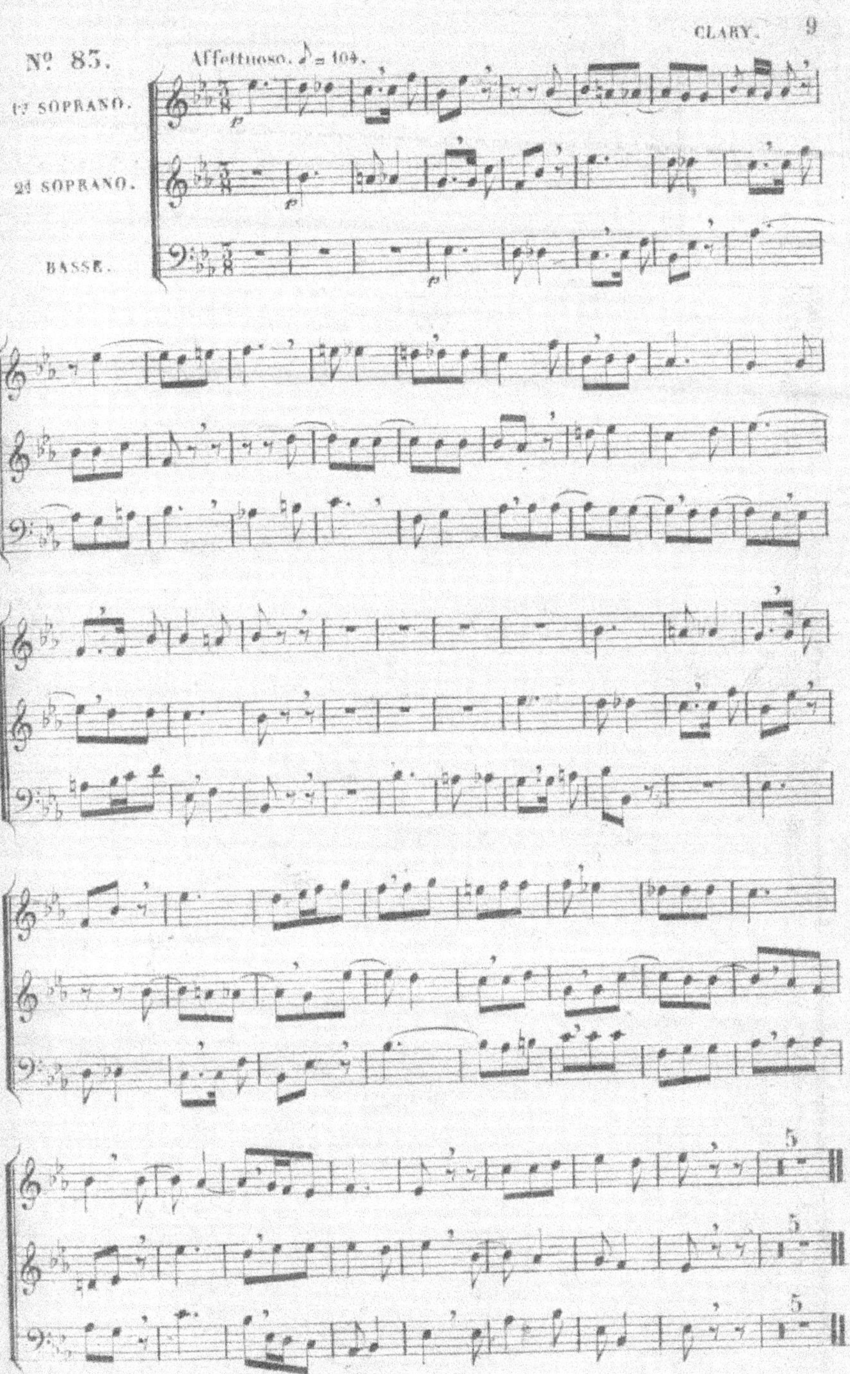
N.º 83.
Affettuoso. ♪ = 104.
1.ª SOPRANO.
2.d SOPRANO.
BASSE.
p
p
p
(2.ª P.)

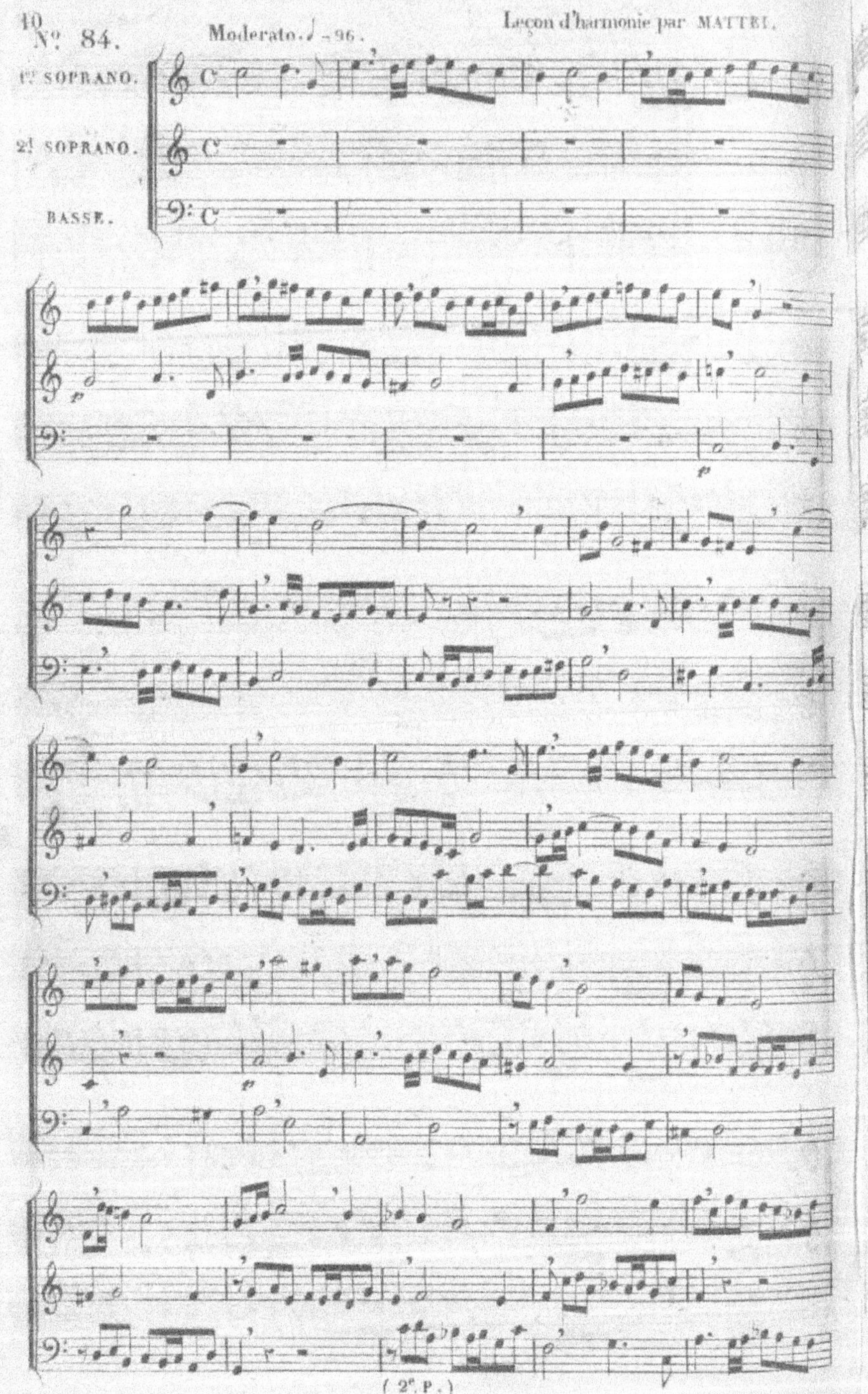
10
N.º 84.
Moderato. ♩ = 96.
Leçon d'harmonie par MATTEI.
1.er SOPRANO.
2.d SOPRANO.
BASSE.
(2.e P.)

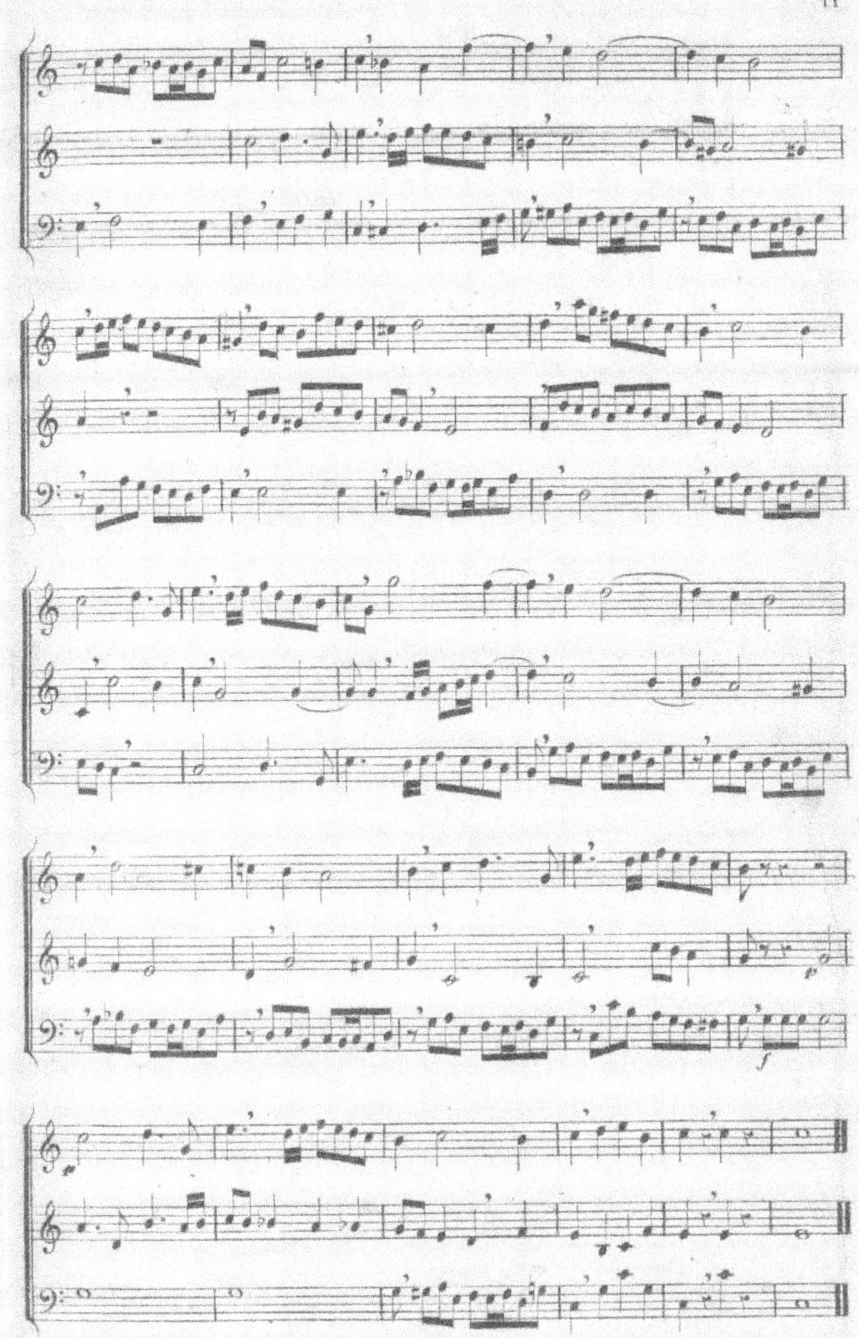

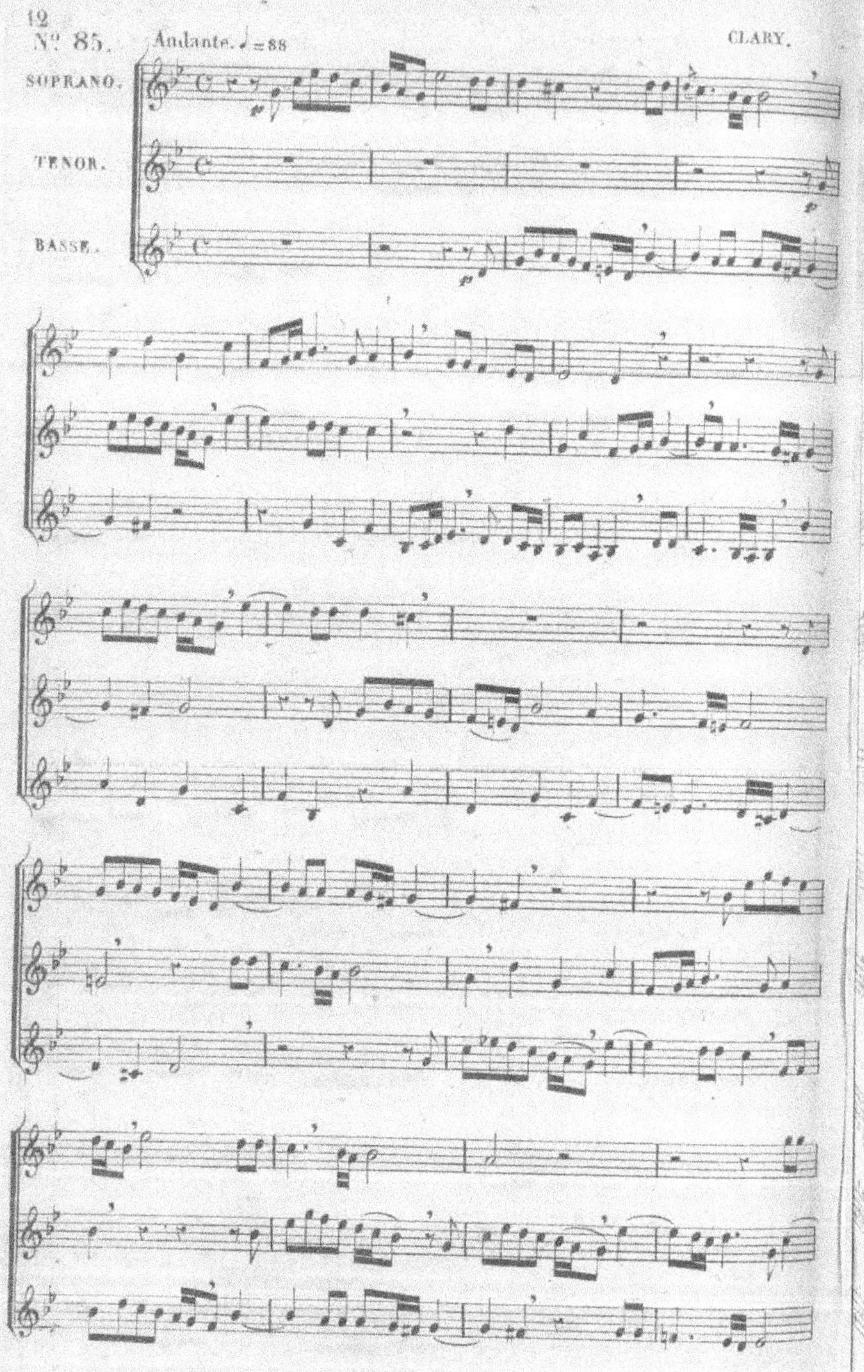
12
Nº 85.
Andante. ♩=88
CLARY.
SOPRANO.
TENOR.
BASSE.
(2ª.P.)

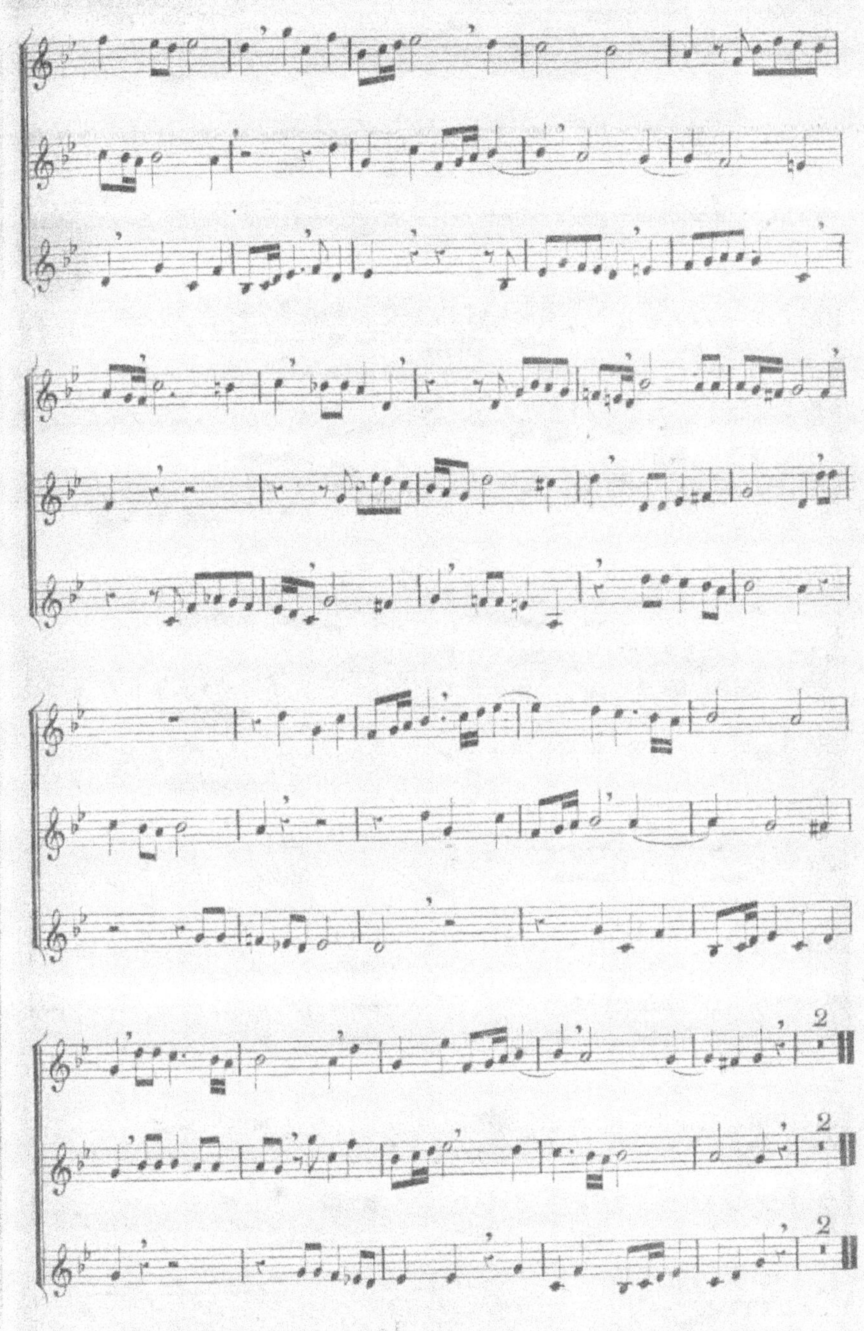
2
2
2
(2ᵉ P.)

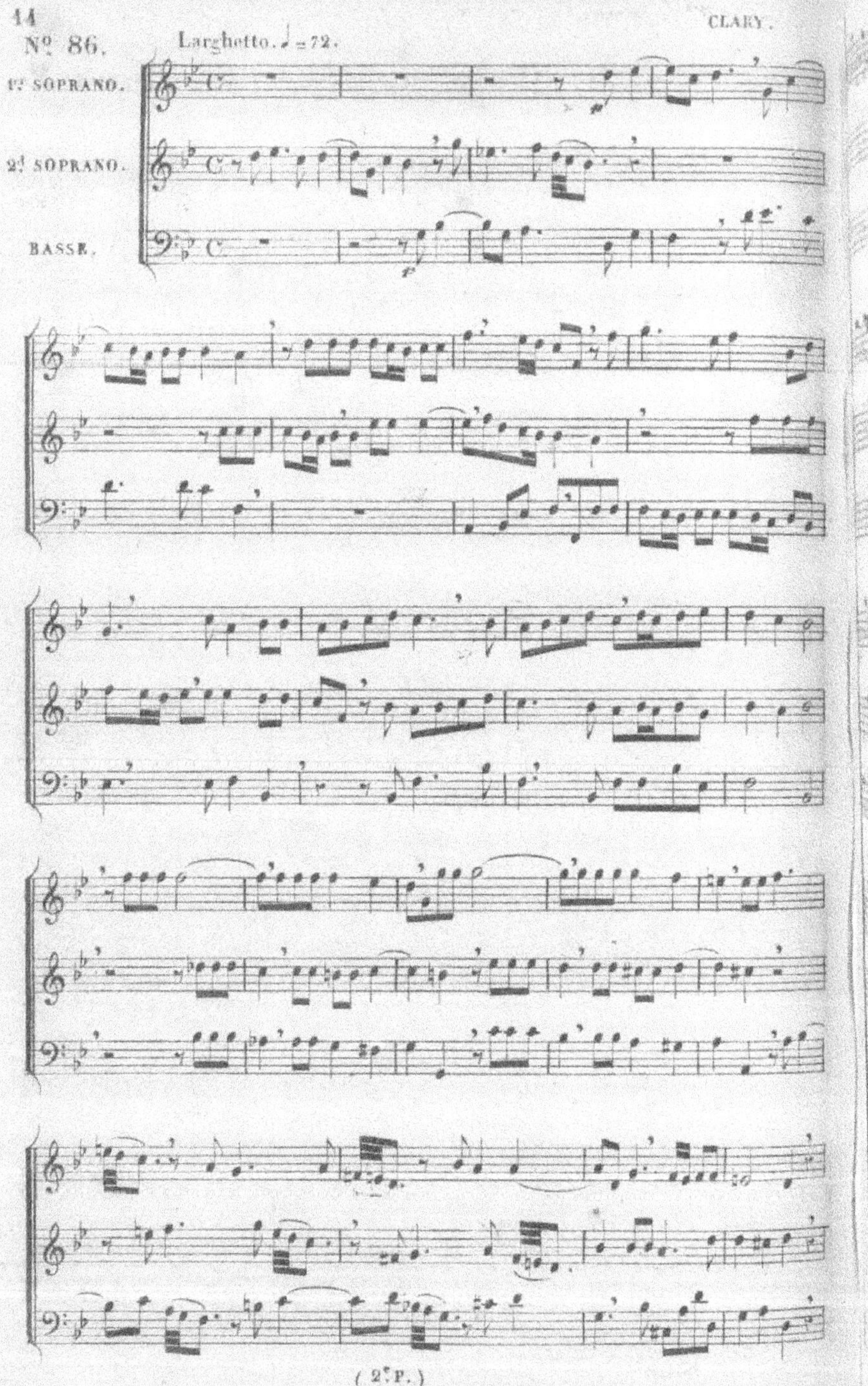
44
N.º 86.
CLARY.
Larghetto. ♩ = 72.
1.º SOPRANO.
2.º SOPRANO.
BASSE.
(2.ª P.)

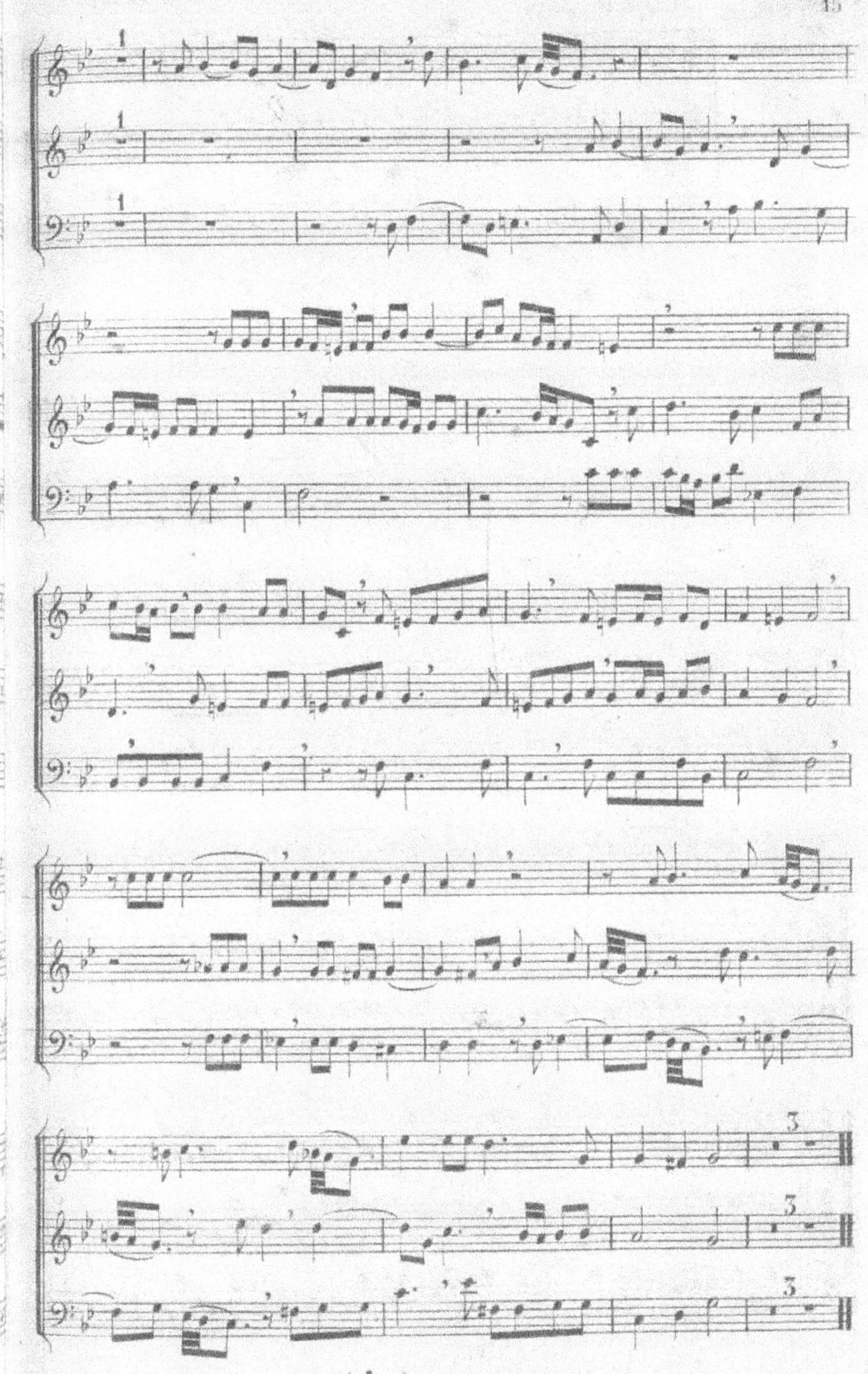

N.º 87. Adagio, ♩ = 80. Sonate de CORELLI pour violon arrangée à 3 voix.

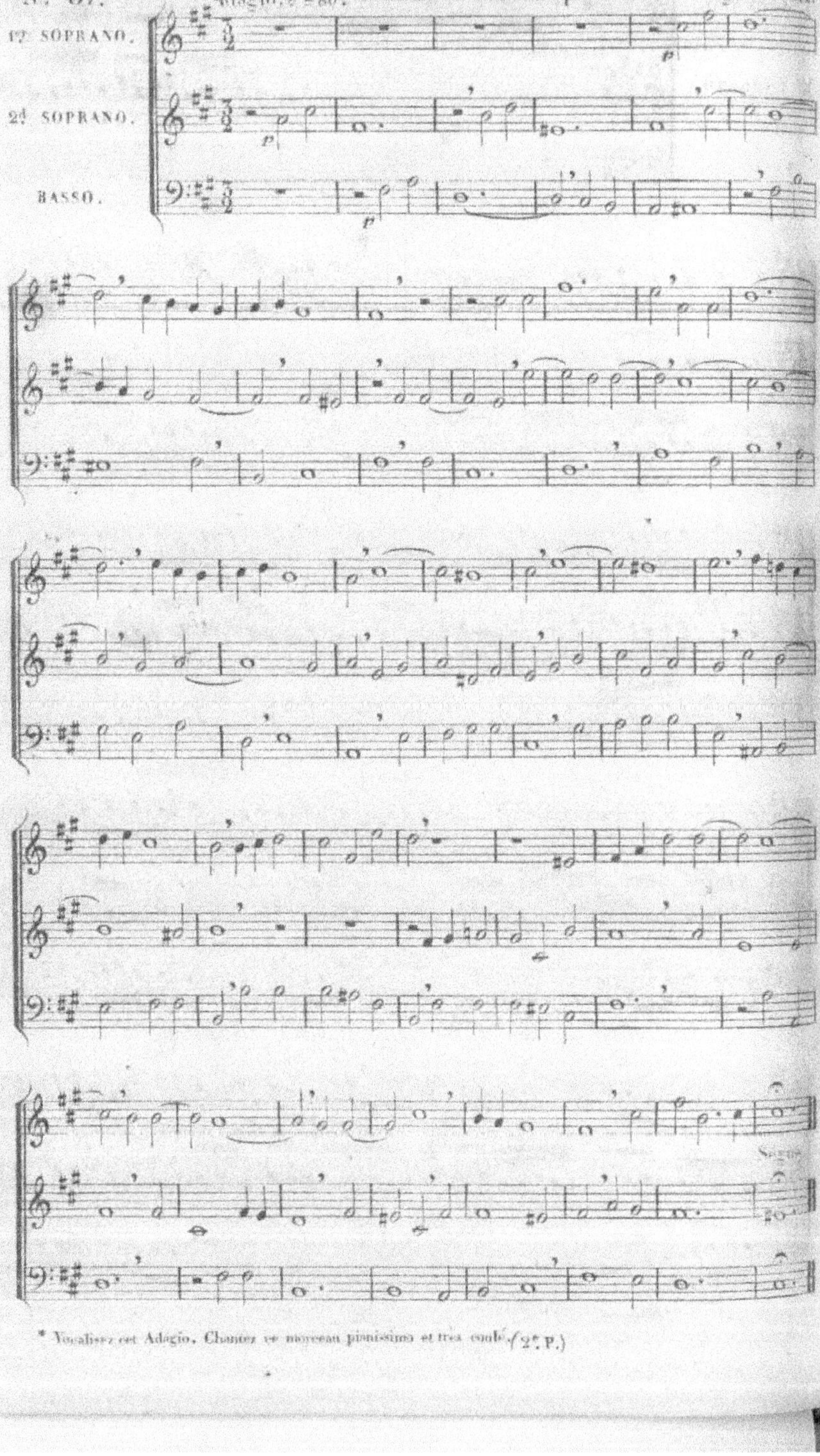

1er SOPRANO.

2d SOPRANO.

BASSO.

* Vocalisez cet Adagio. Chantez ce morceau pianissimo et très coulé. (2.º P.)

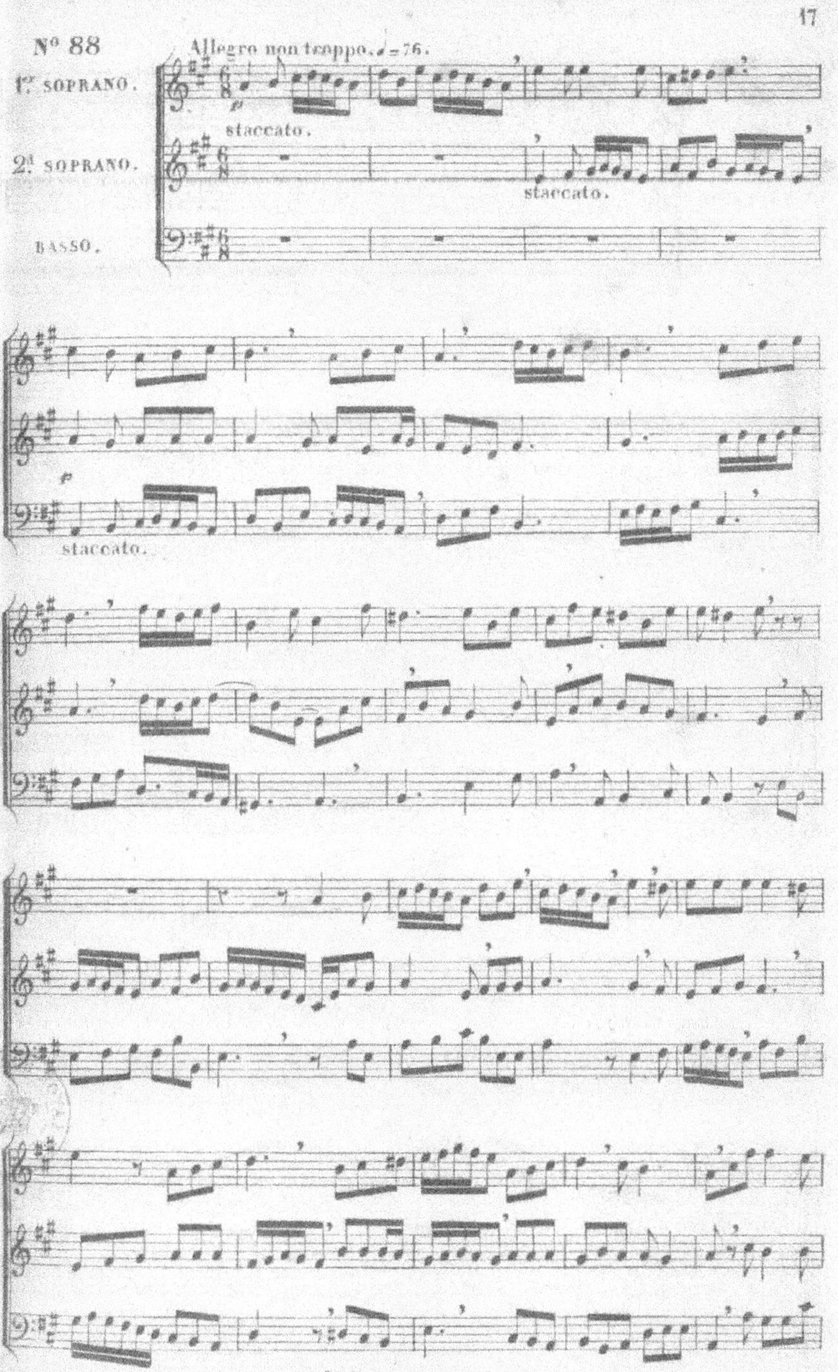
Nº 88
Allegro non troppo. ♩=76.
1ª SOPRANO.
2ª SOPRANO.
BASSO.
staccato.
staccato.
staccato.
p
p
(2ª P.)

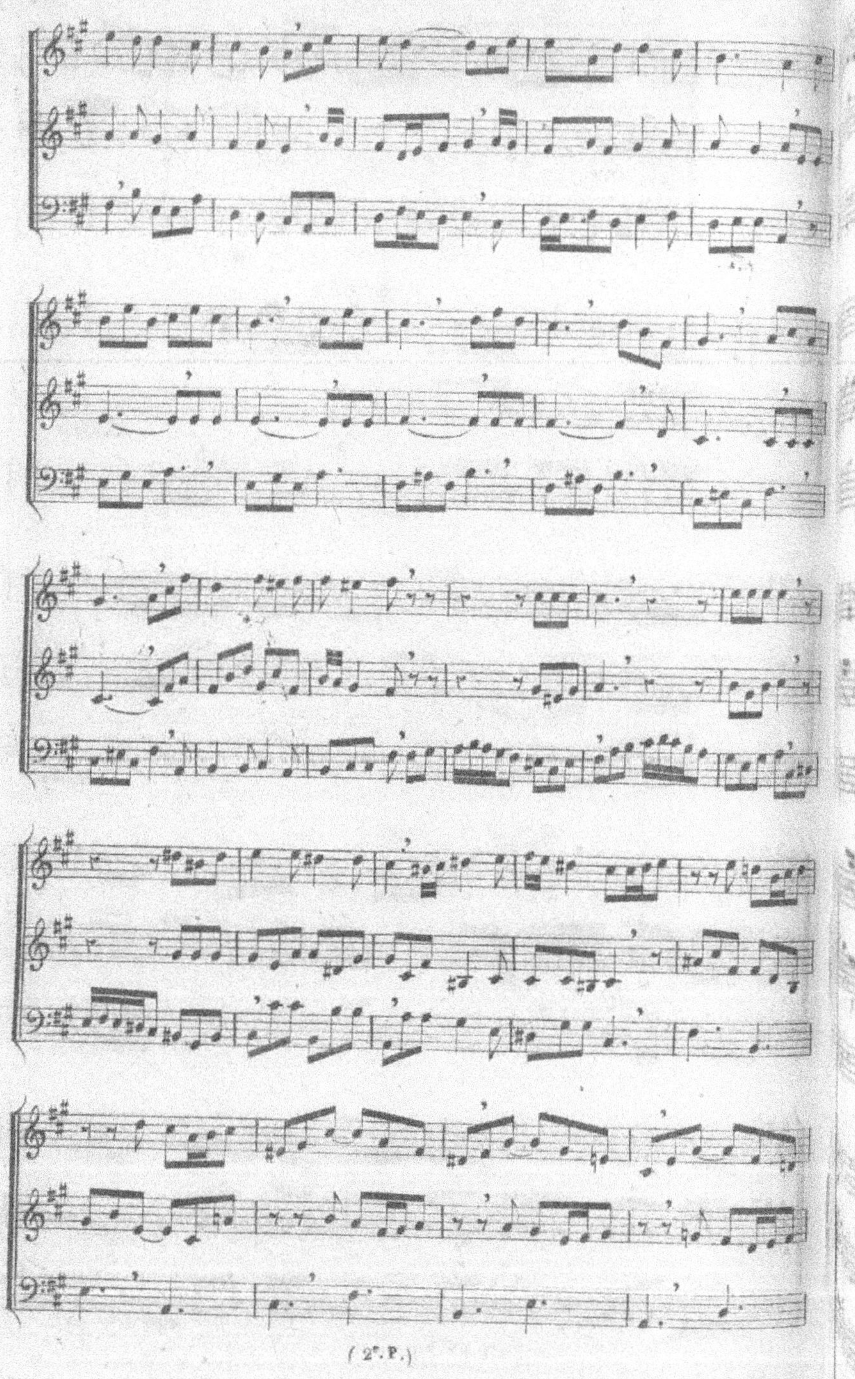

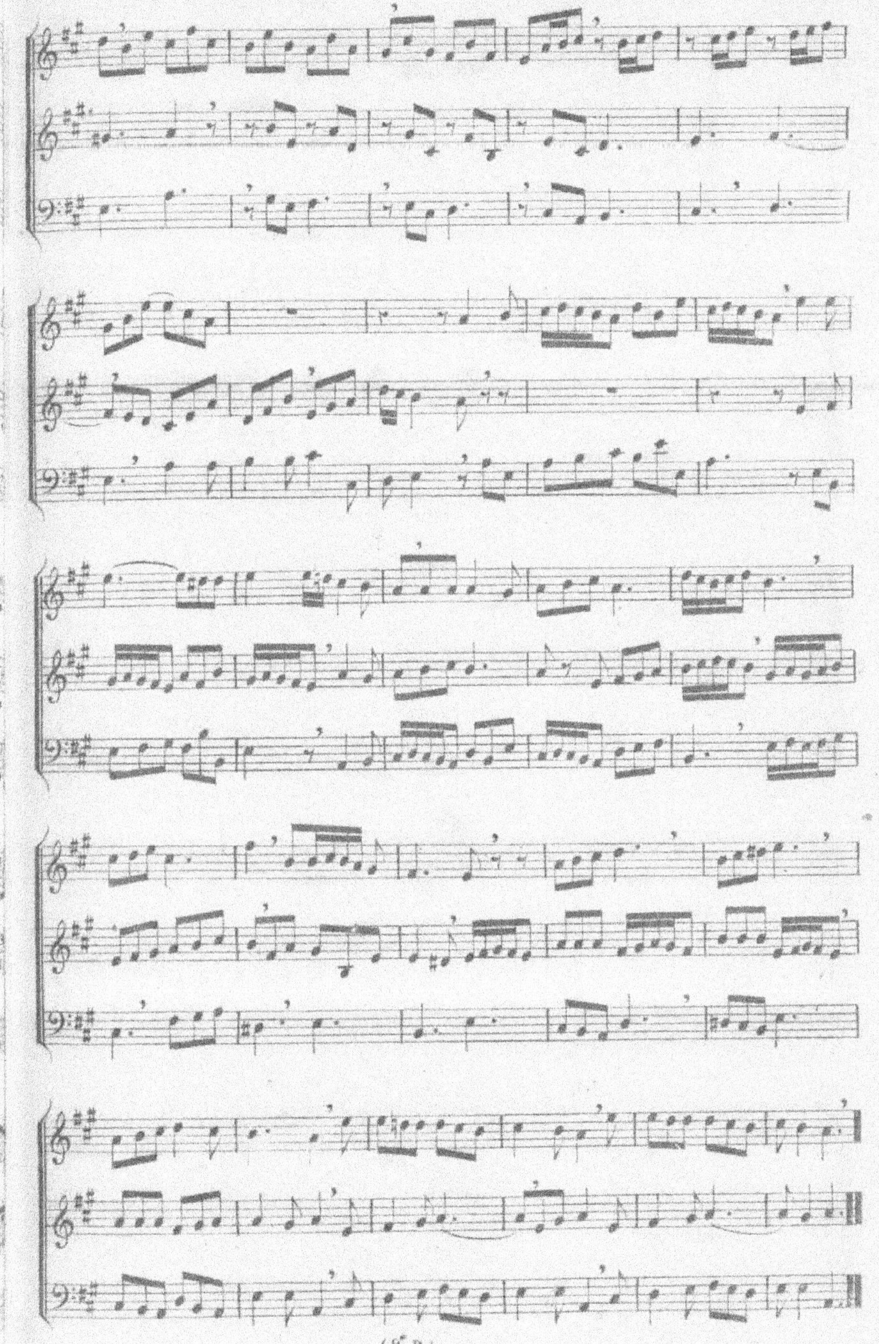

(2.P.)

N.º 89.

Allegro non troppo. ♩=112.
Sonate de CORELLI pour Violon arrangée à 3 Voix.
1.ᵉʳ SOPRANO.
2.ᵈ SOPRANO.
BASSE.
f
2.ᵉ P.)

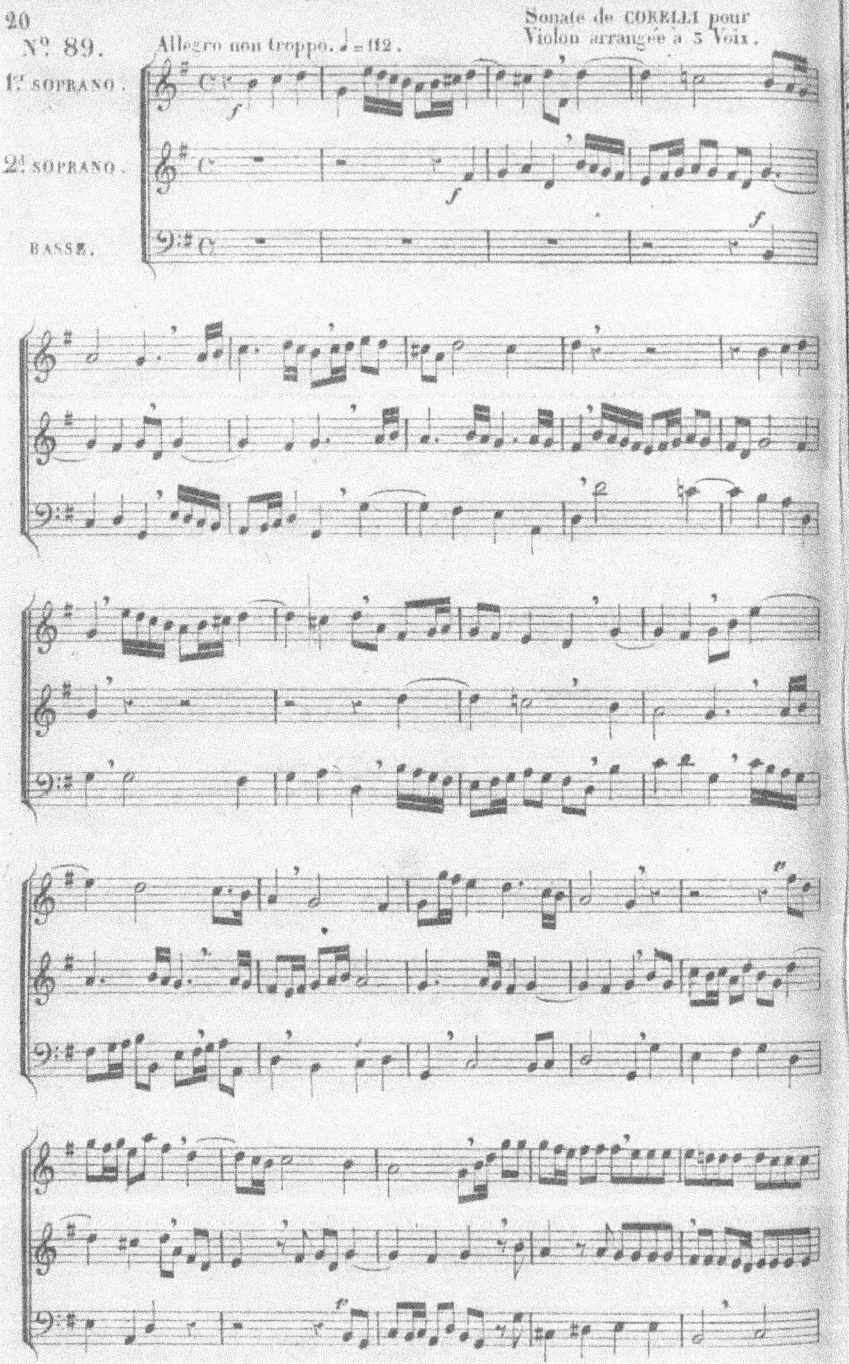

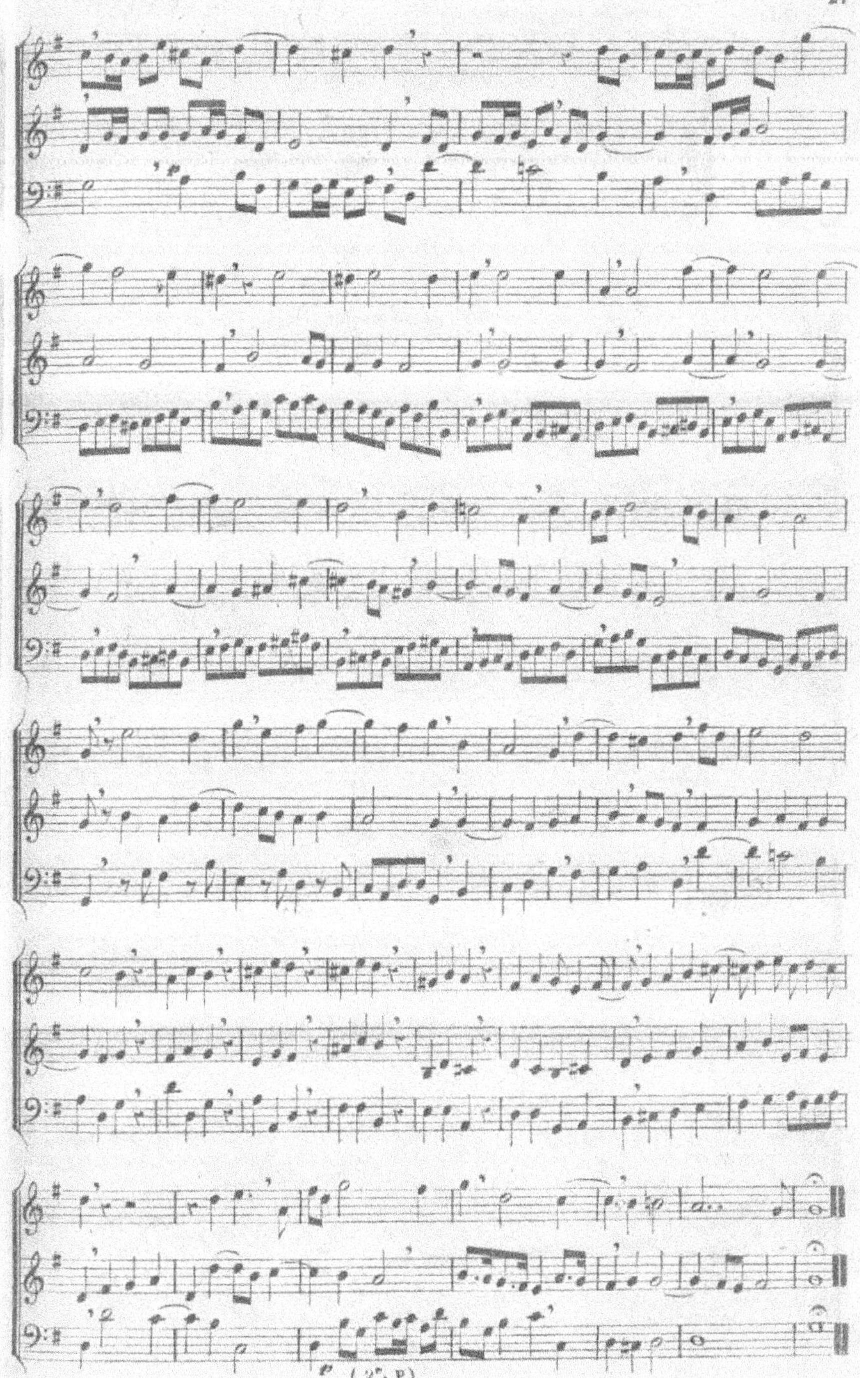
(2ª. P.)

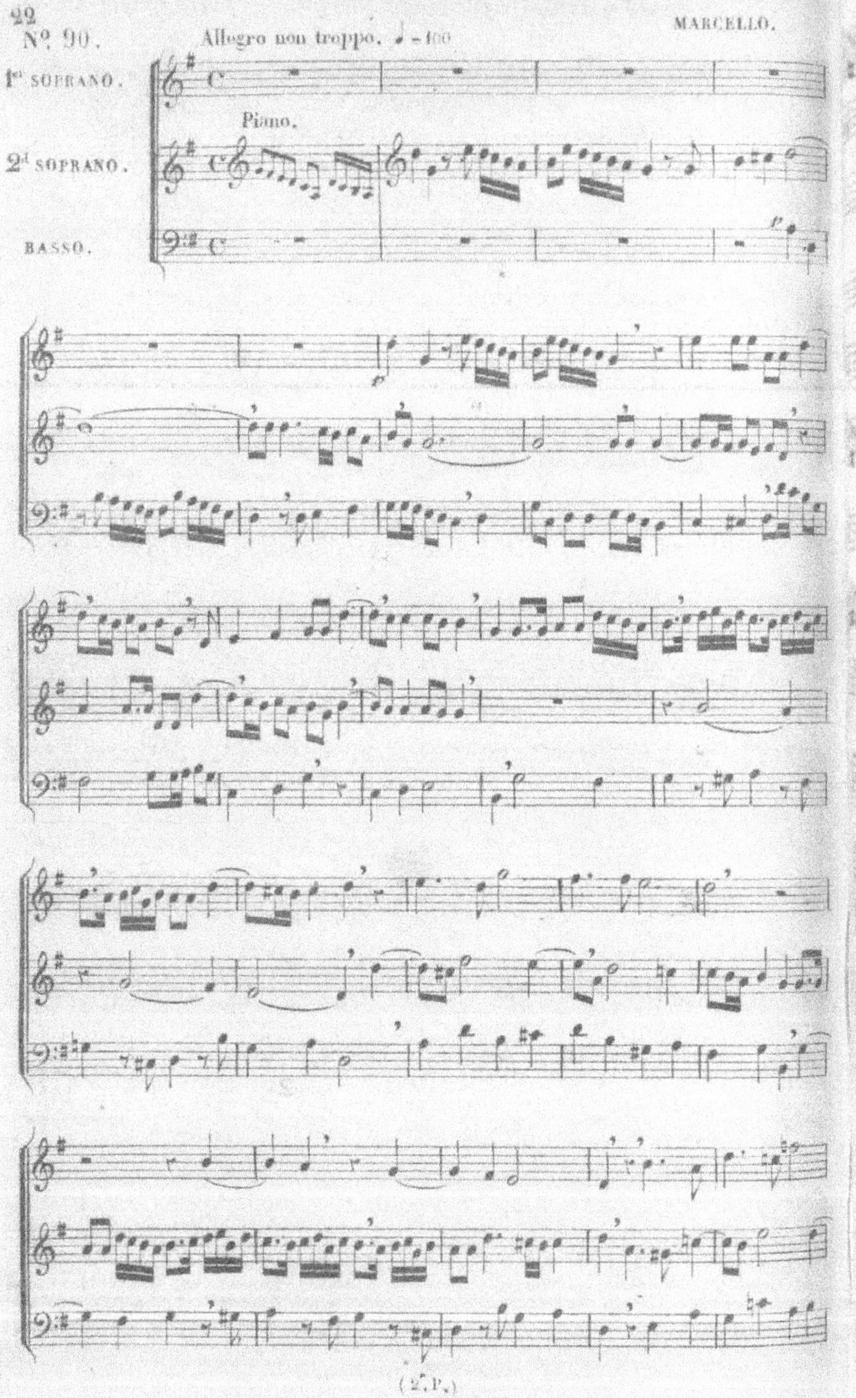
42
N.° 90.
MARCELLO.
Allegro non troppo. ♩=100
1er SOPRANO.
2d SOPRANO.
Piano.
BASSO.
(2.P.)

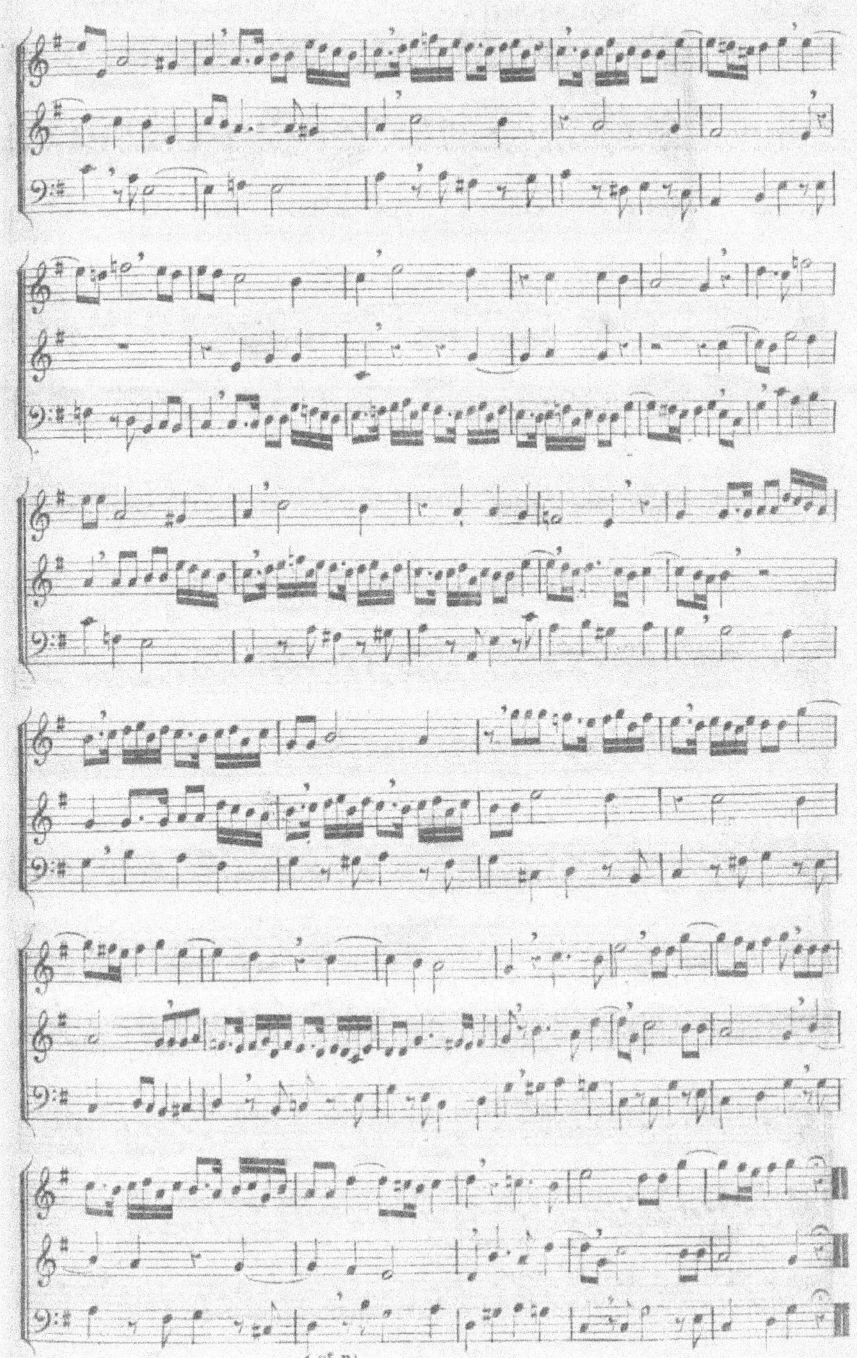
(2.ᵉ P.)

N.º 91.

N.º 91.
Allegro. ♩=184.
Sonate de CORELLI pour
Violon arrangée à 5 Voix.
1.ᵉ SOPRANO.
2.ᵉ SOPRANO.
BASSO.
(2.ᵉ P.)

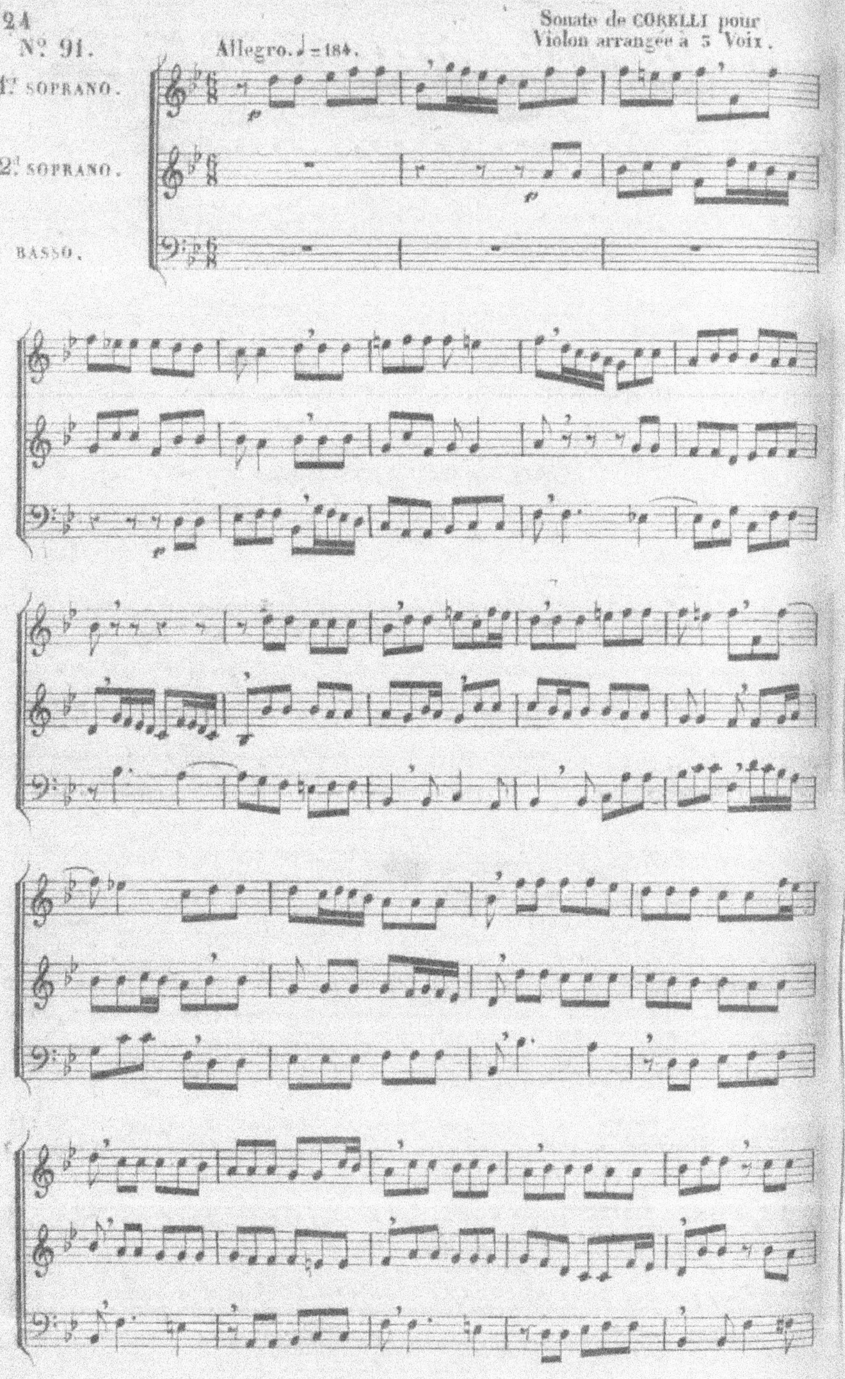

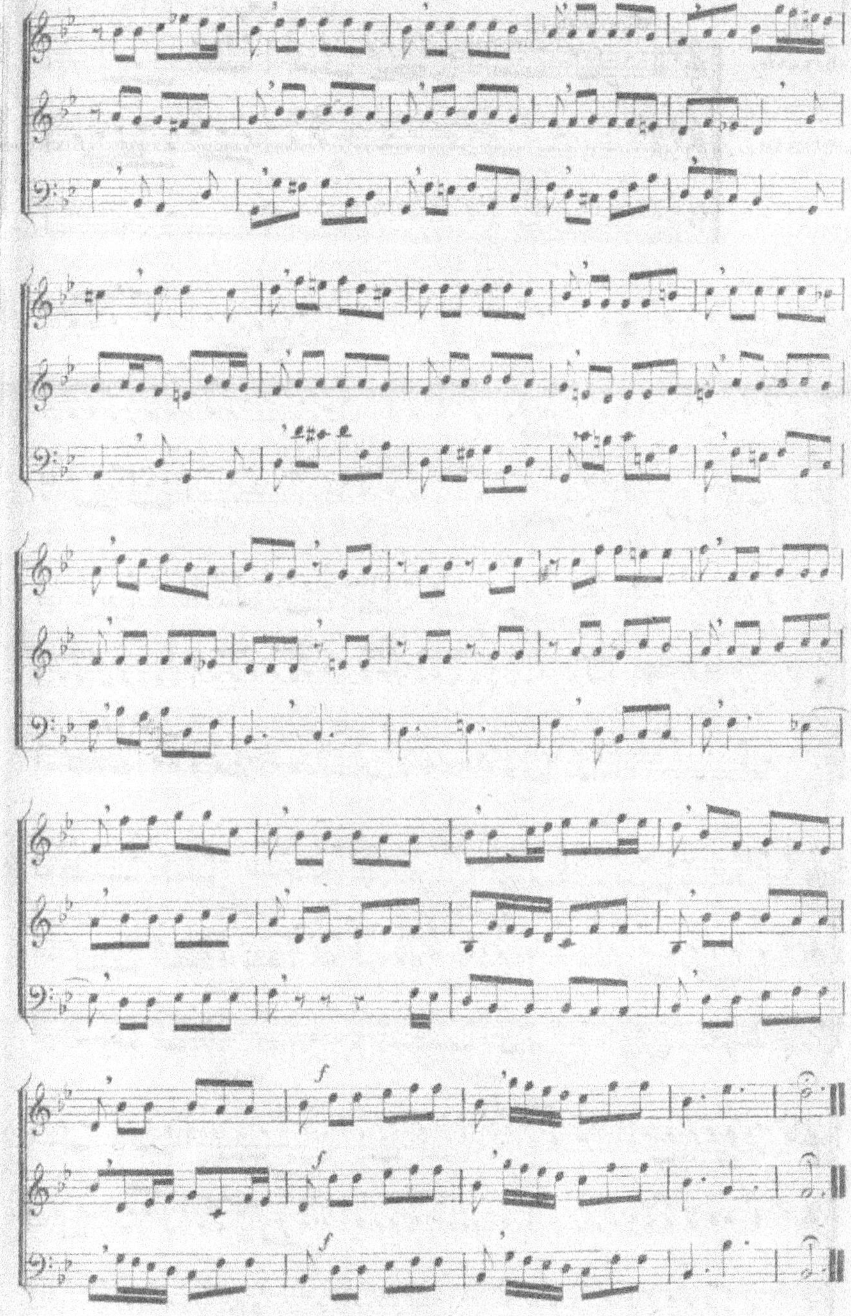

CHOEUR À 3 VOIX
de
GLUCK.

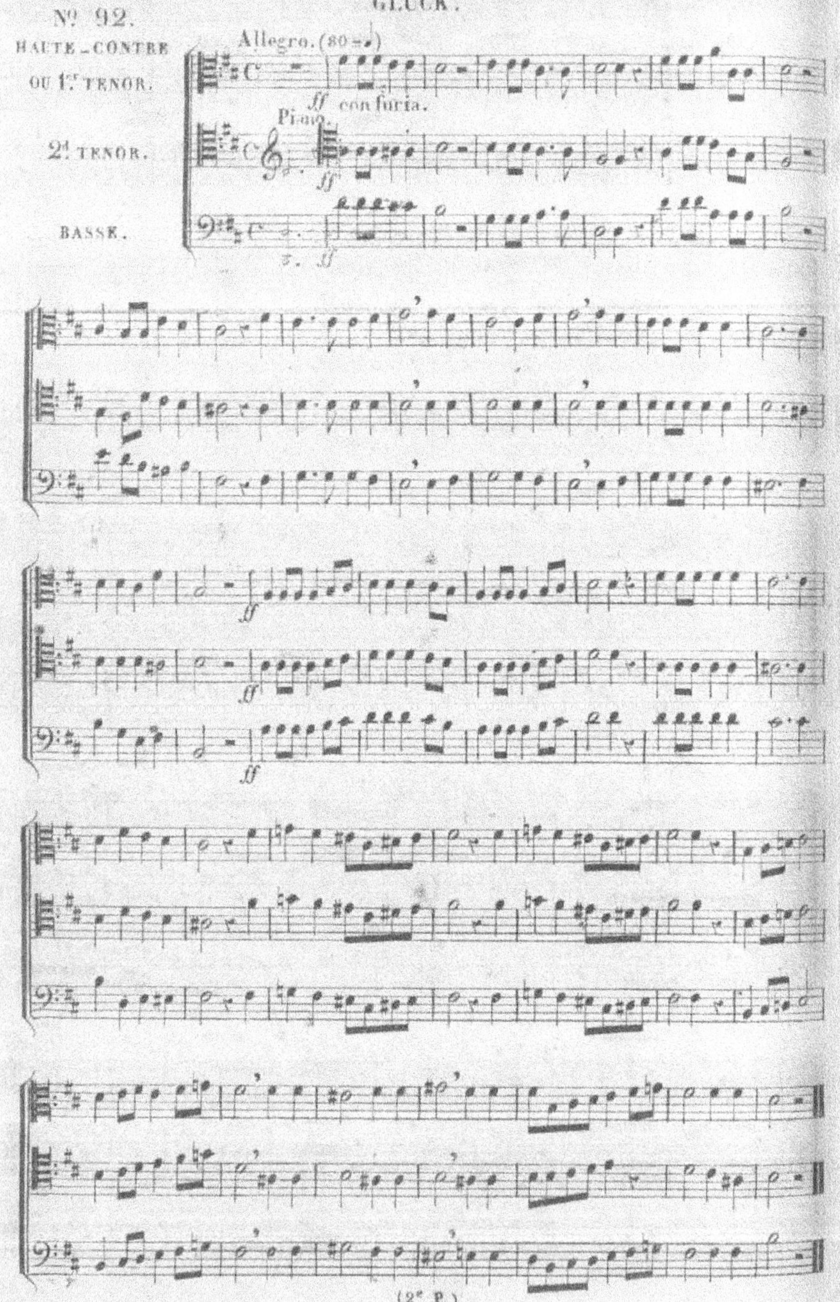

MARCELLO.

N.º 93.

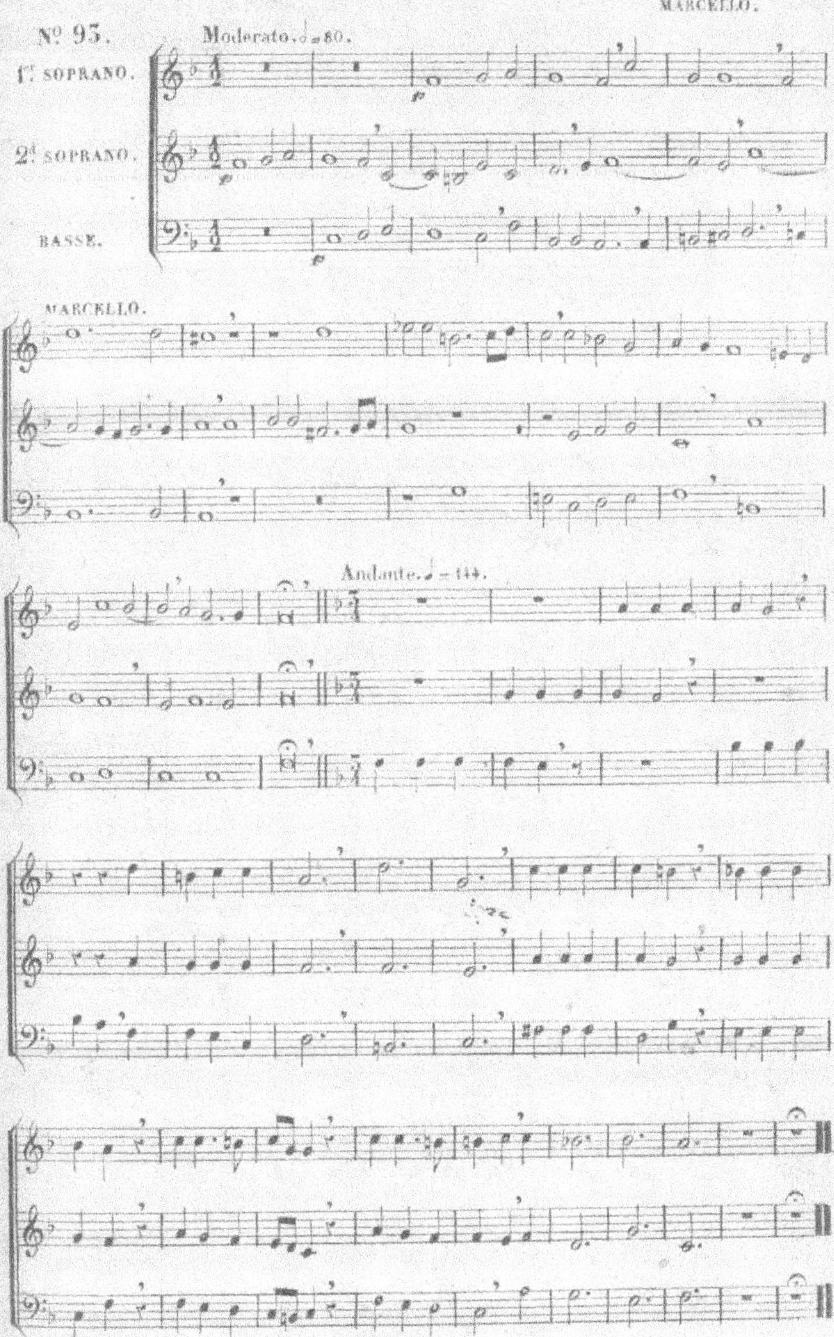

TRIO DE M. SPONTINI.

POUR LE SOLFÈGE DE PANSERON.

N.º 94. Andante espressivo. (Met: 100 ♩)

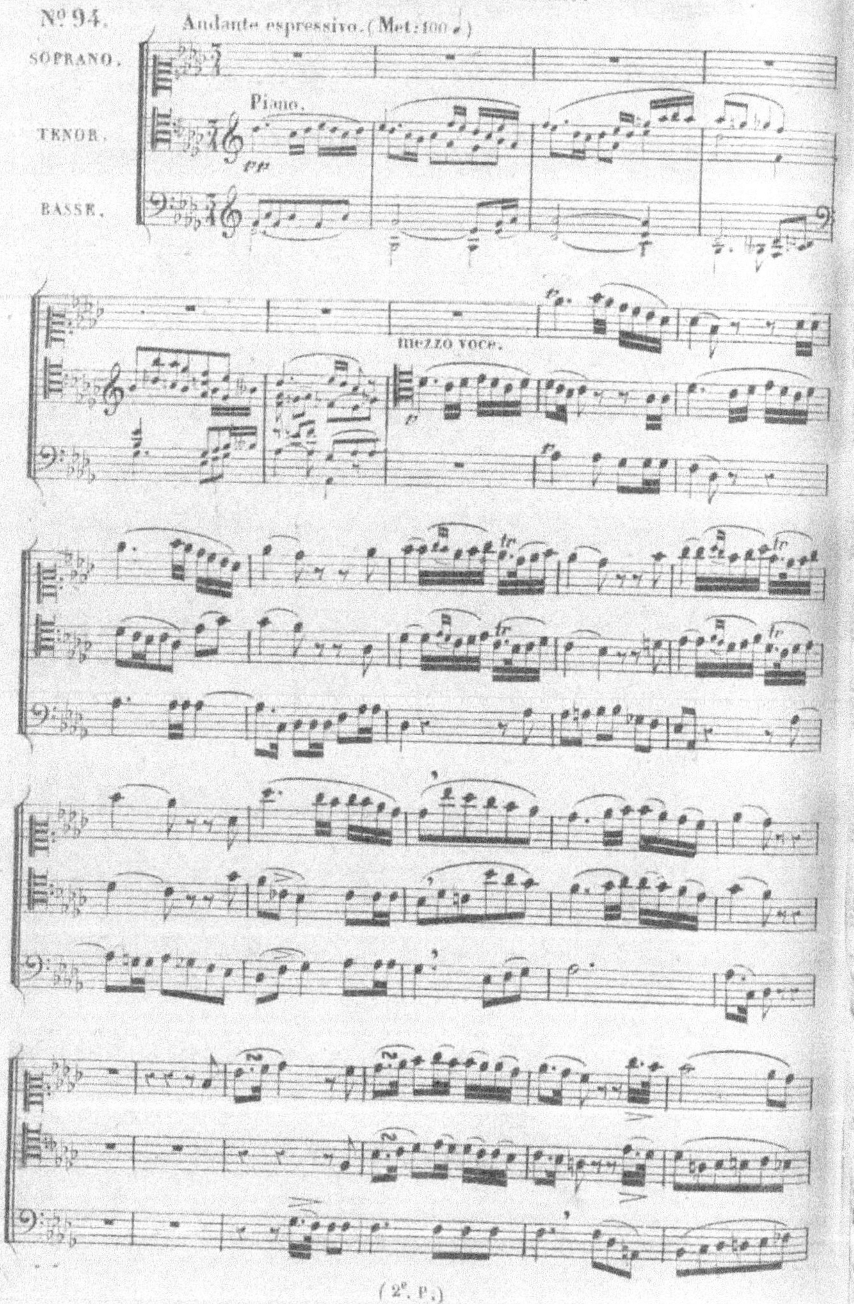

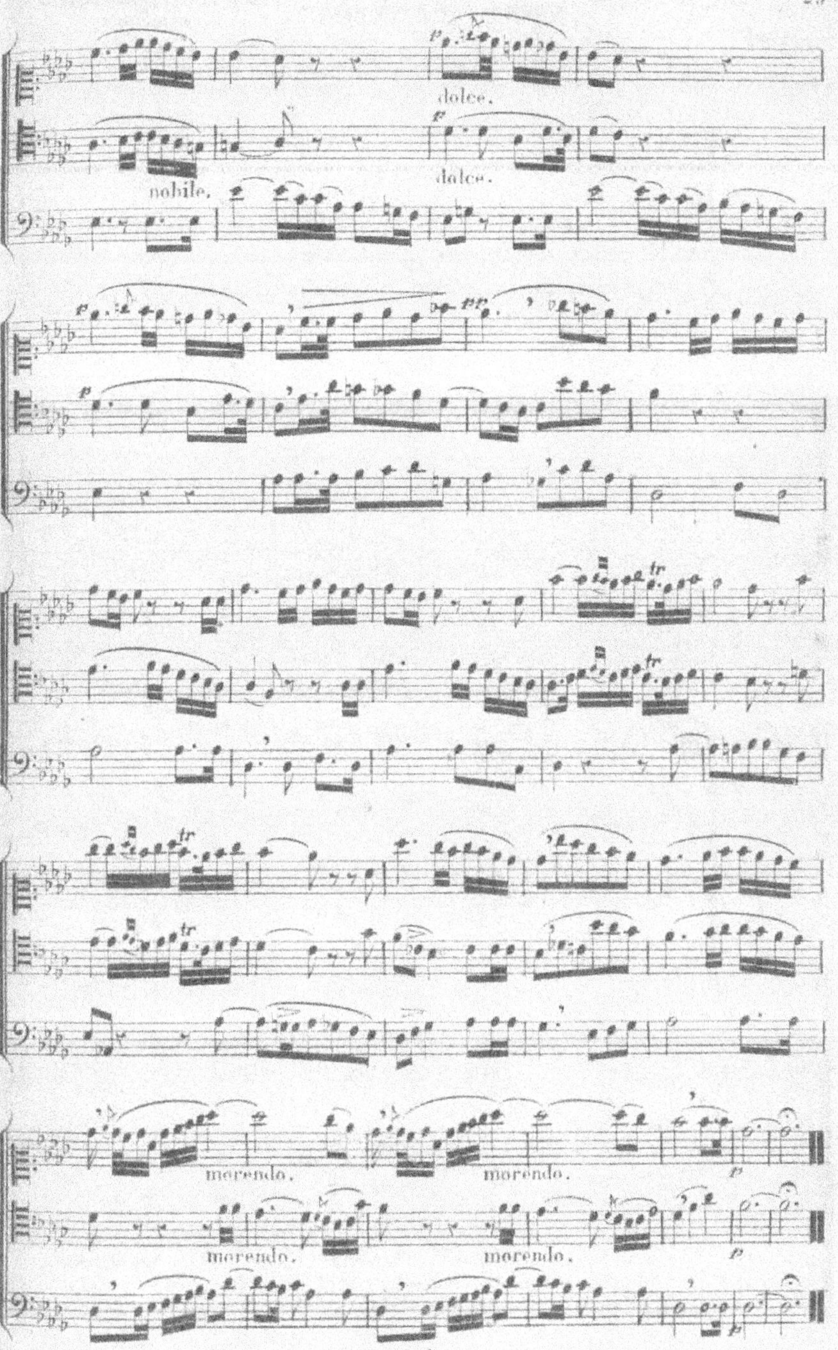

dolce.
nobile.
dolce.
tr
tr
tr
tr
morendo.
morendo.
morendo.
morendo.
p
p
(2ª. P.)

GAMMES à 4 VOIX ÉGALES. 24 Leçons progressives à 4 voix.

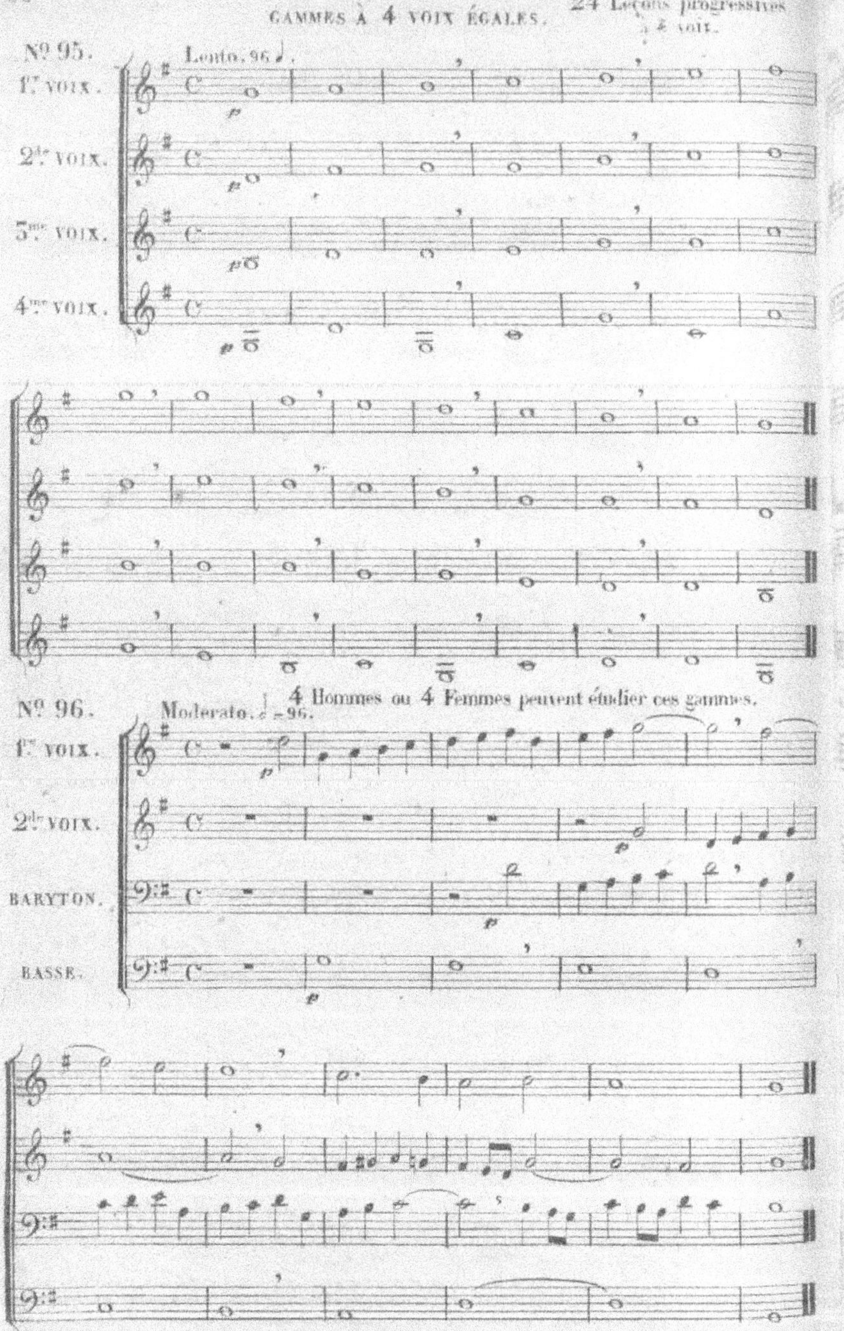

GAMMES À 4 VOIX EN SOL MINEUR.

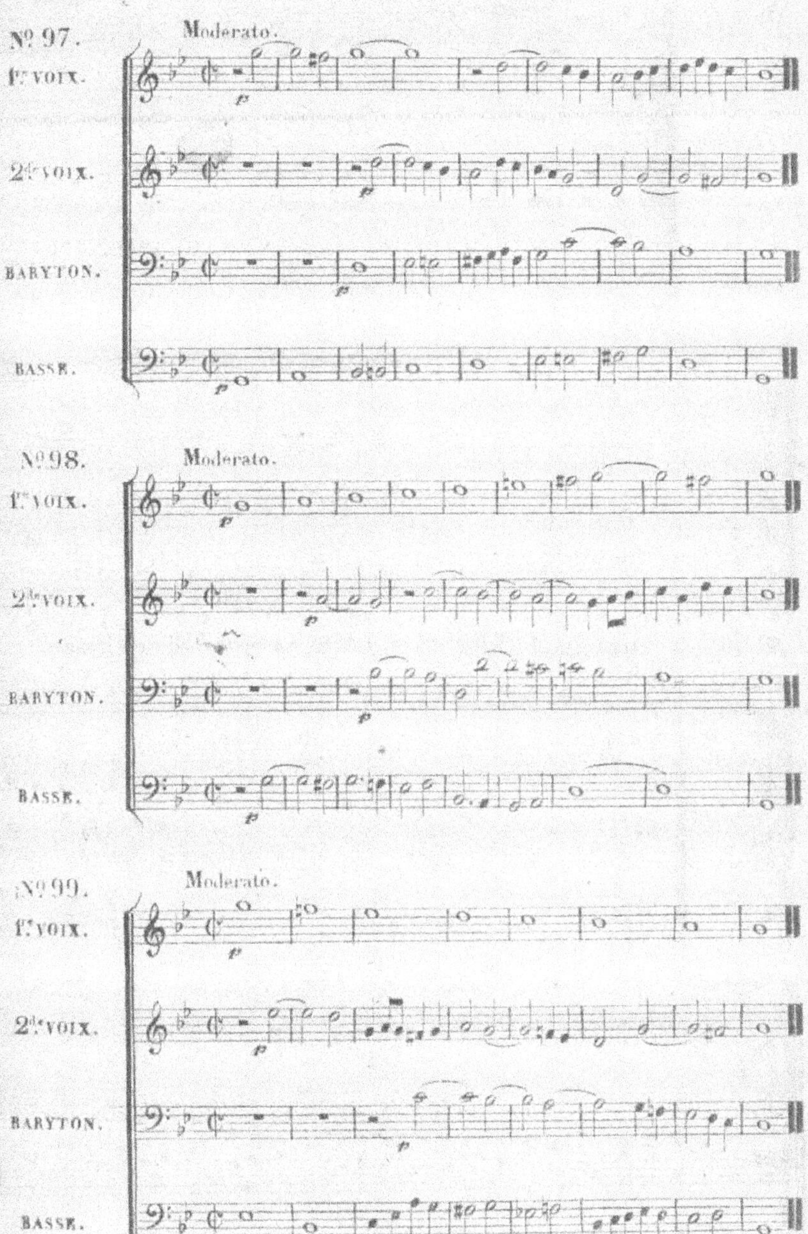

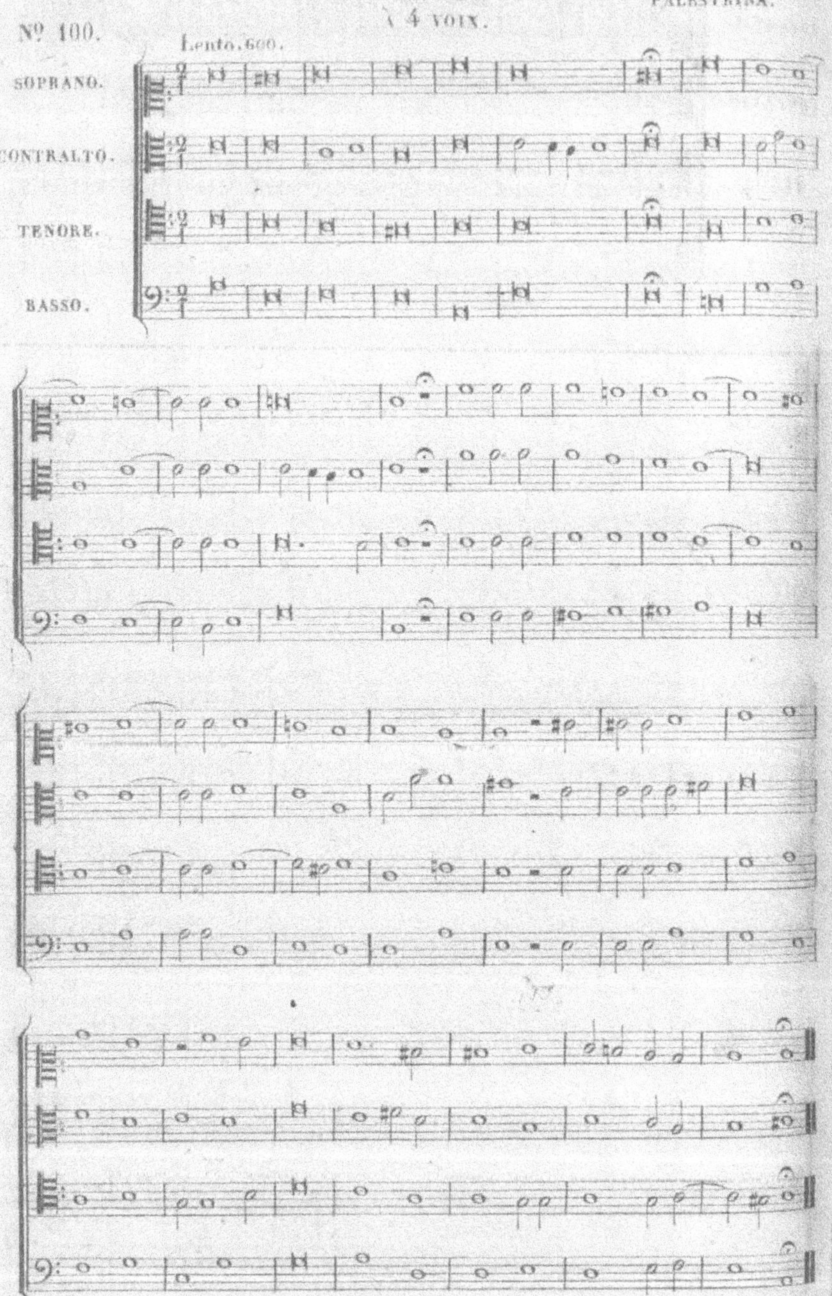
Gio. Pieri. Luigi.
PALESTRINA.
ADORAMUSTE
A 4 VOIX.
Nº 100.
Lento, 600.
SOPRANO.
CONTRALTO.
TENORE.
BASSO.
* Vocalisez ce morceau.
(2ᵉ P.)

N.º 101.
Allegro. (♩=100.)
MATTEI.
SOPRANO.
CONTRALTO
TENOR.
BASSE.
(2.ᵉ P.)

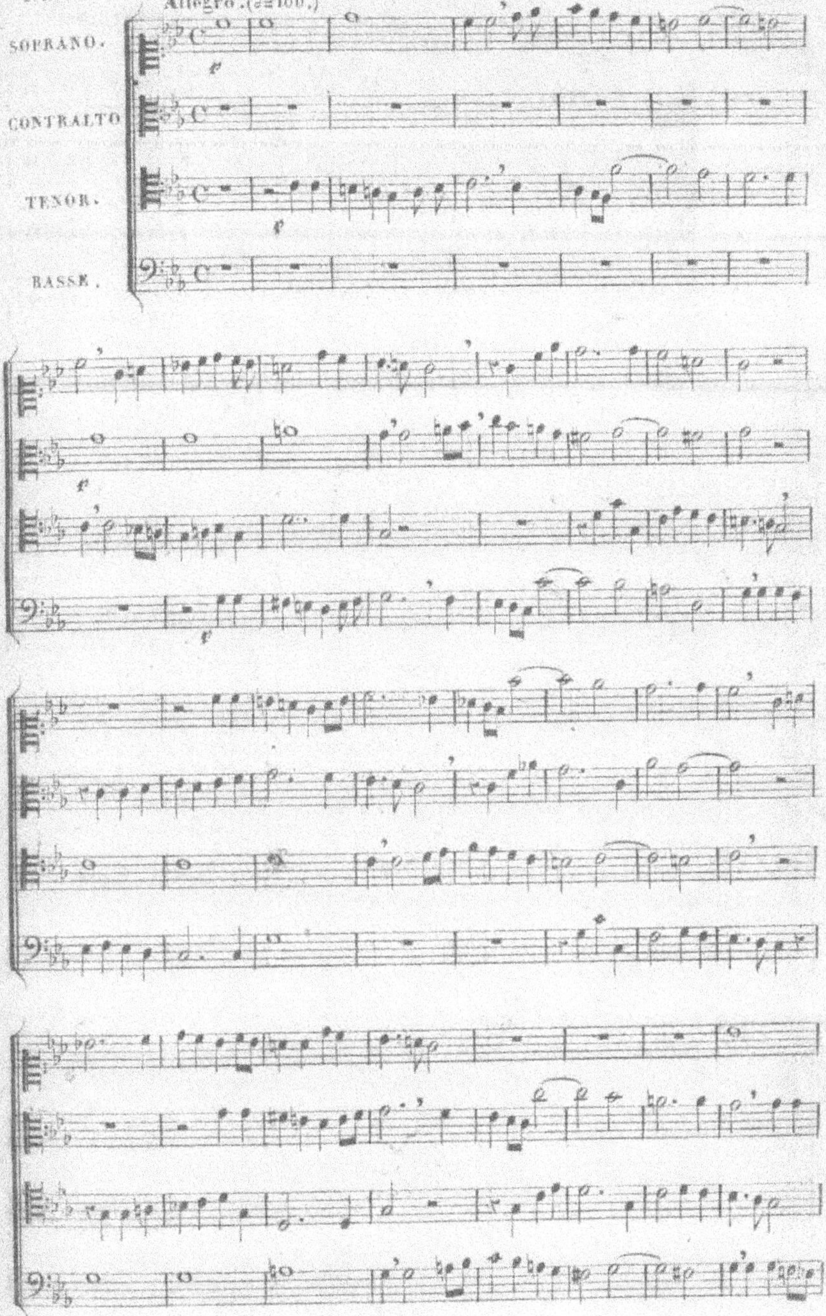

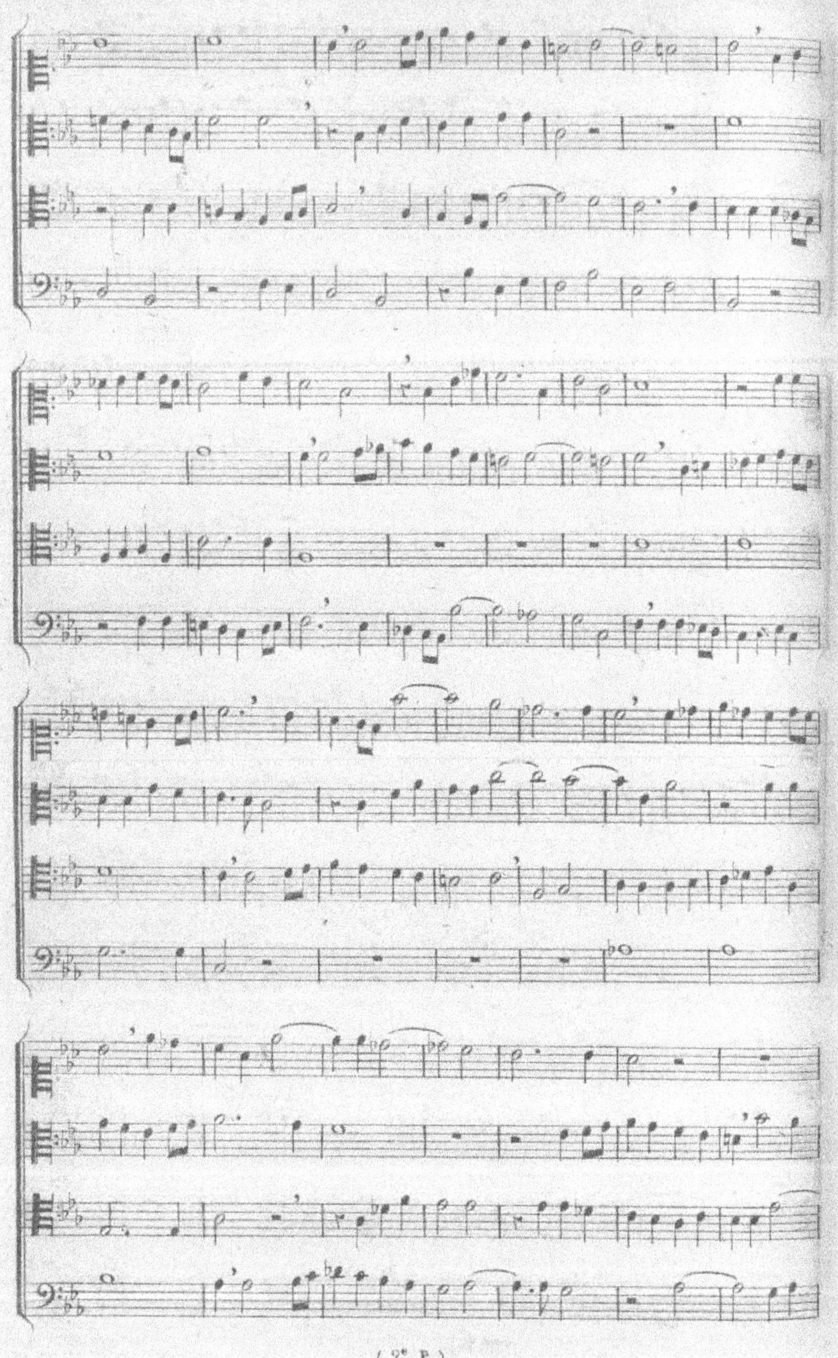

(2ª. P.)

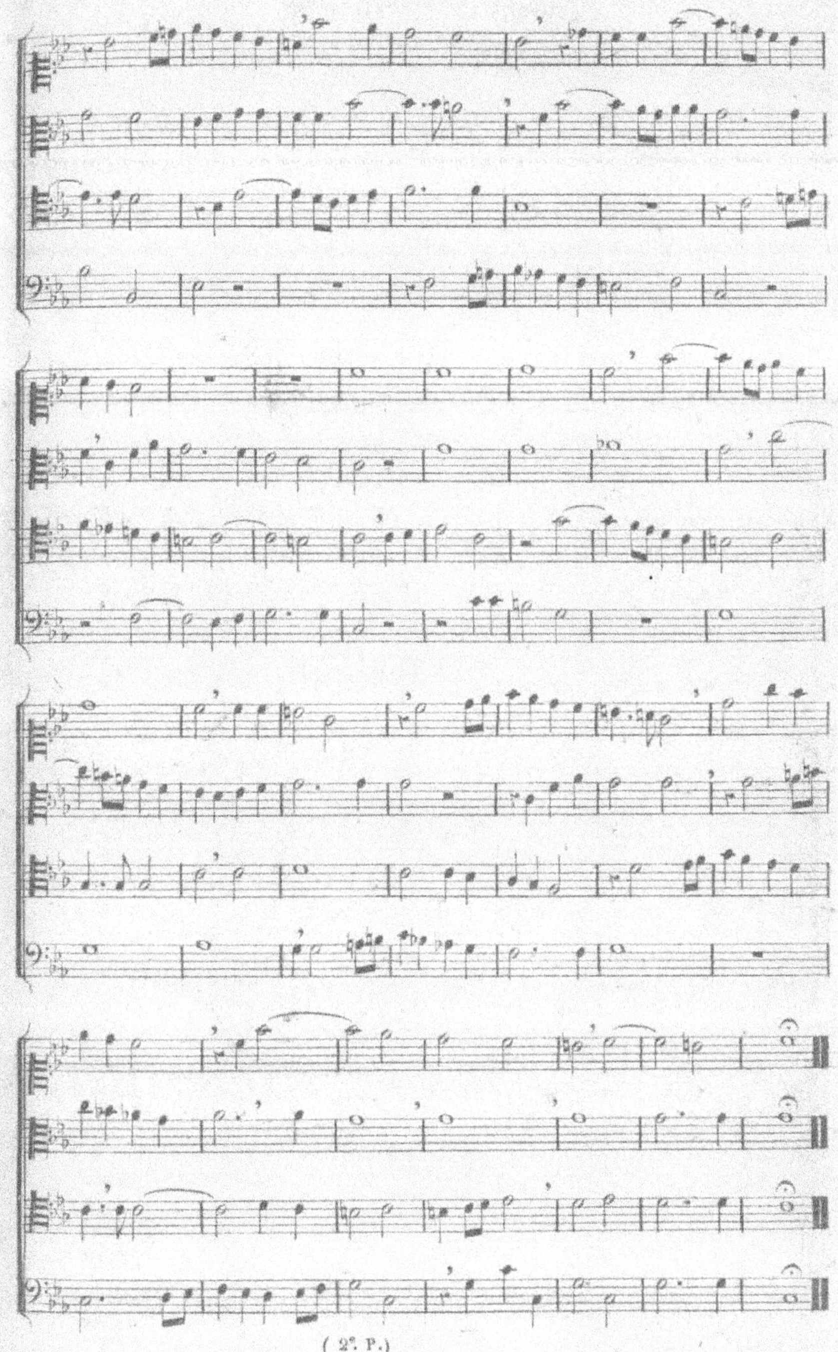

(2.ͤ P.)

CHŒUR DE BEETHOVEN
À 4 VOIX.

N.º 102.

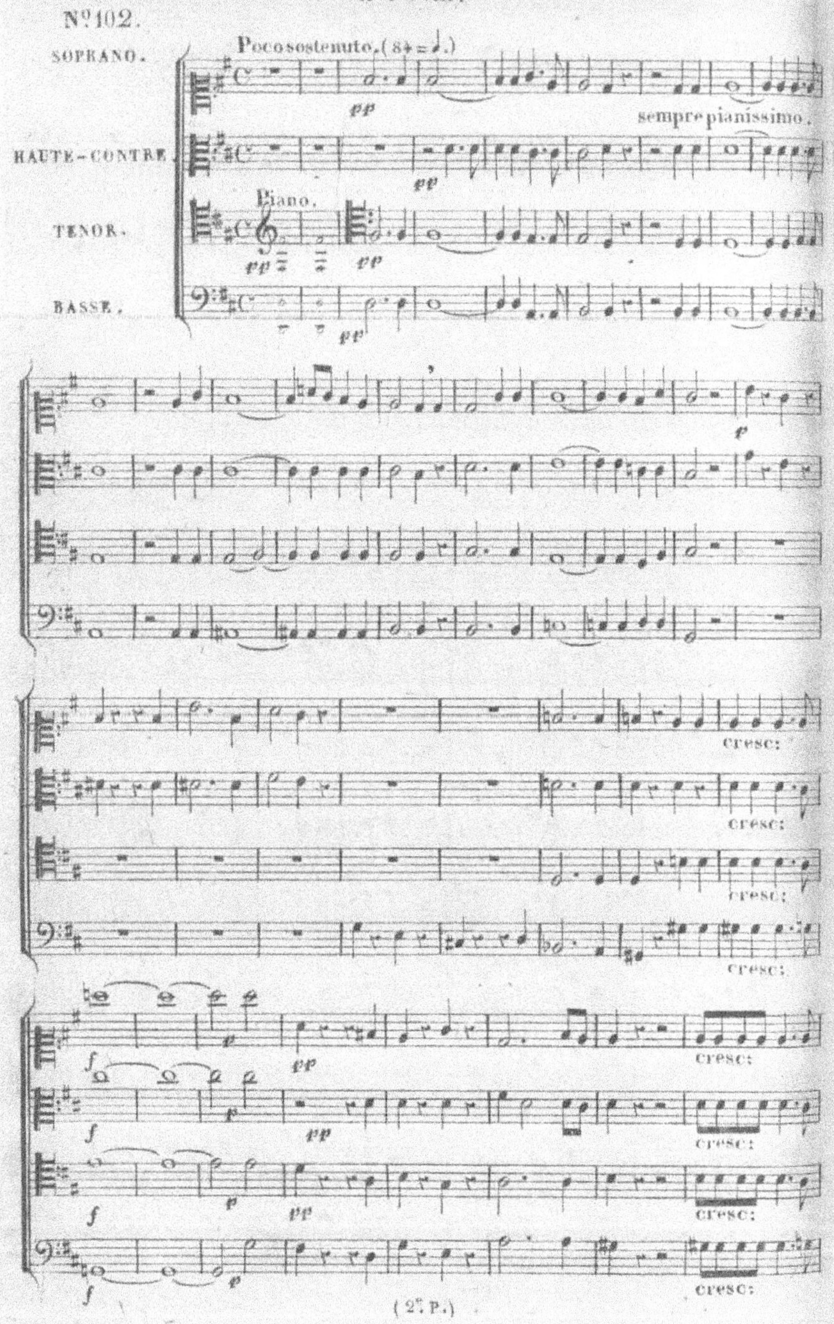

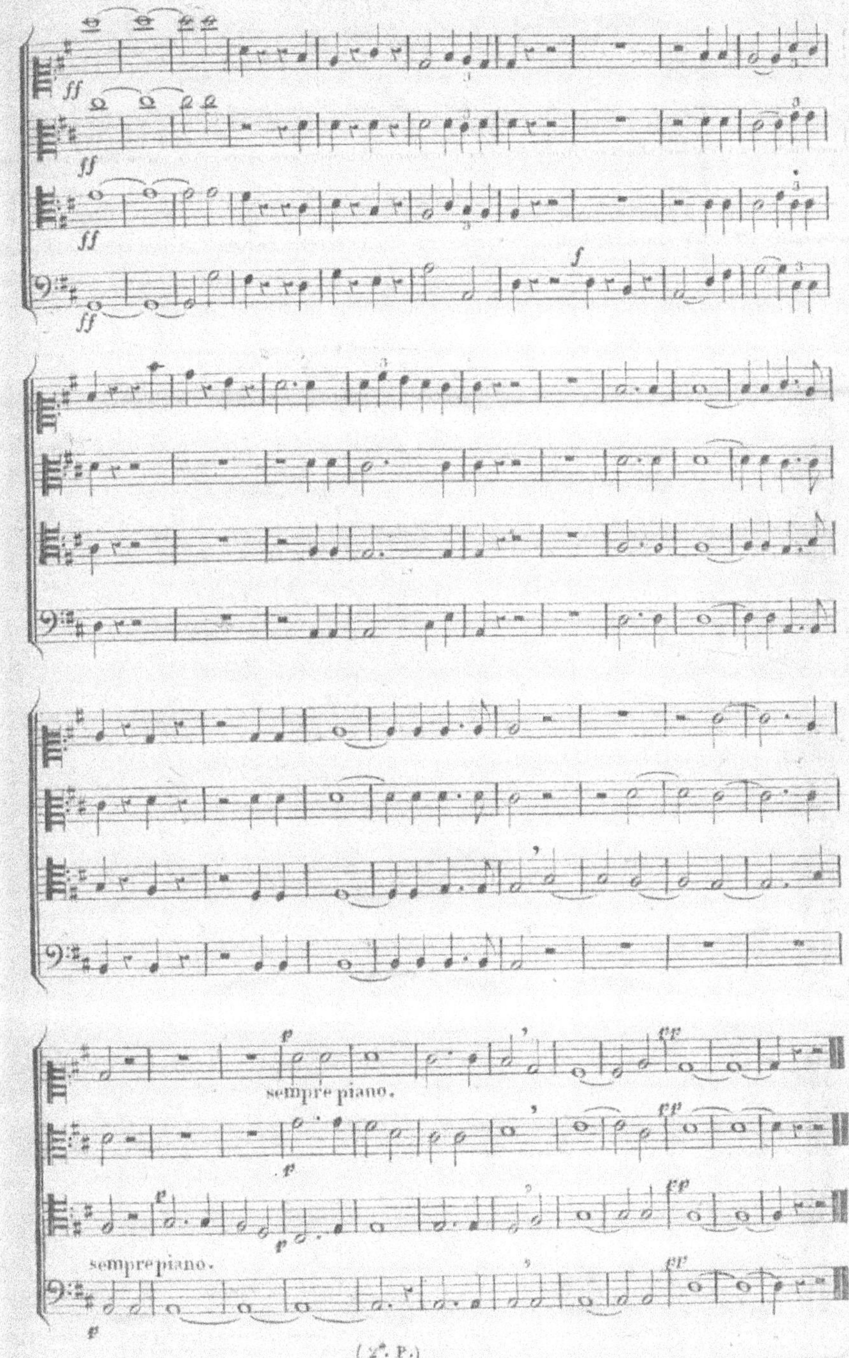
ff
ff
ff
ff
f
sempre piano.
sempre piano.
p
(2ª. P.)

MATTEI.

Nº 103.　Moderato. ♩=100.

SOPRANO.
CONTRALTO.
TENOR.
BASSE.

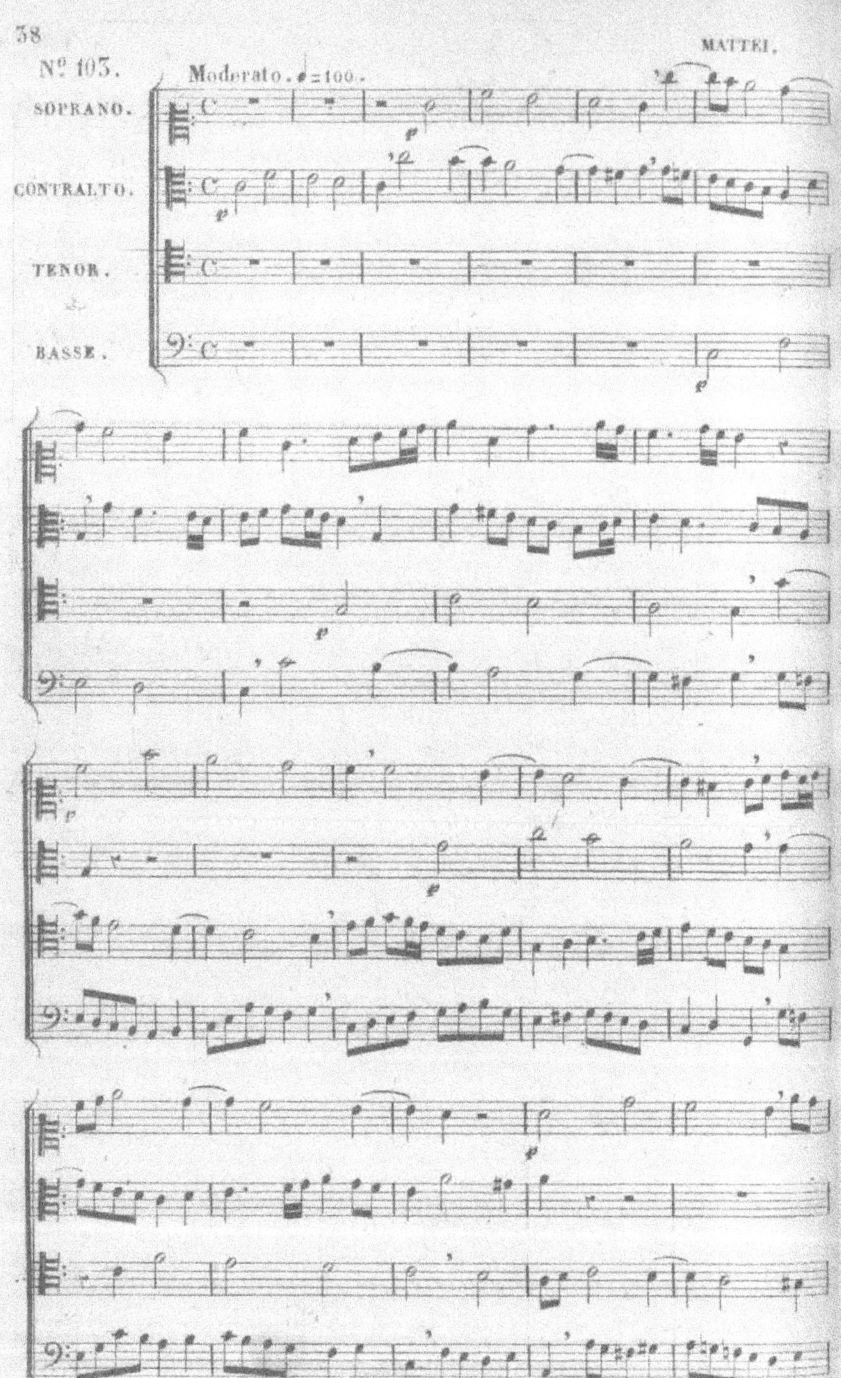

Les parties de Contralto peuvent se chanter par des hommes ou par des femmes, cependant celles qui sont très hautes devront être de préférence chantées par des Contralto féminins, et les graves par des hommes. (2ᵉ. P.)

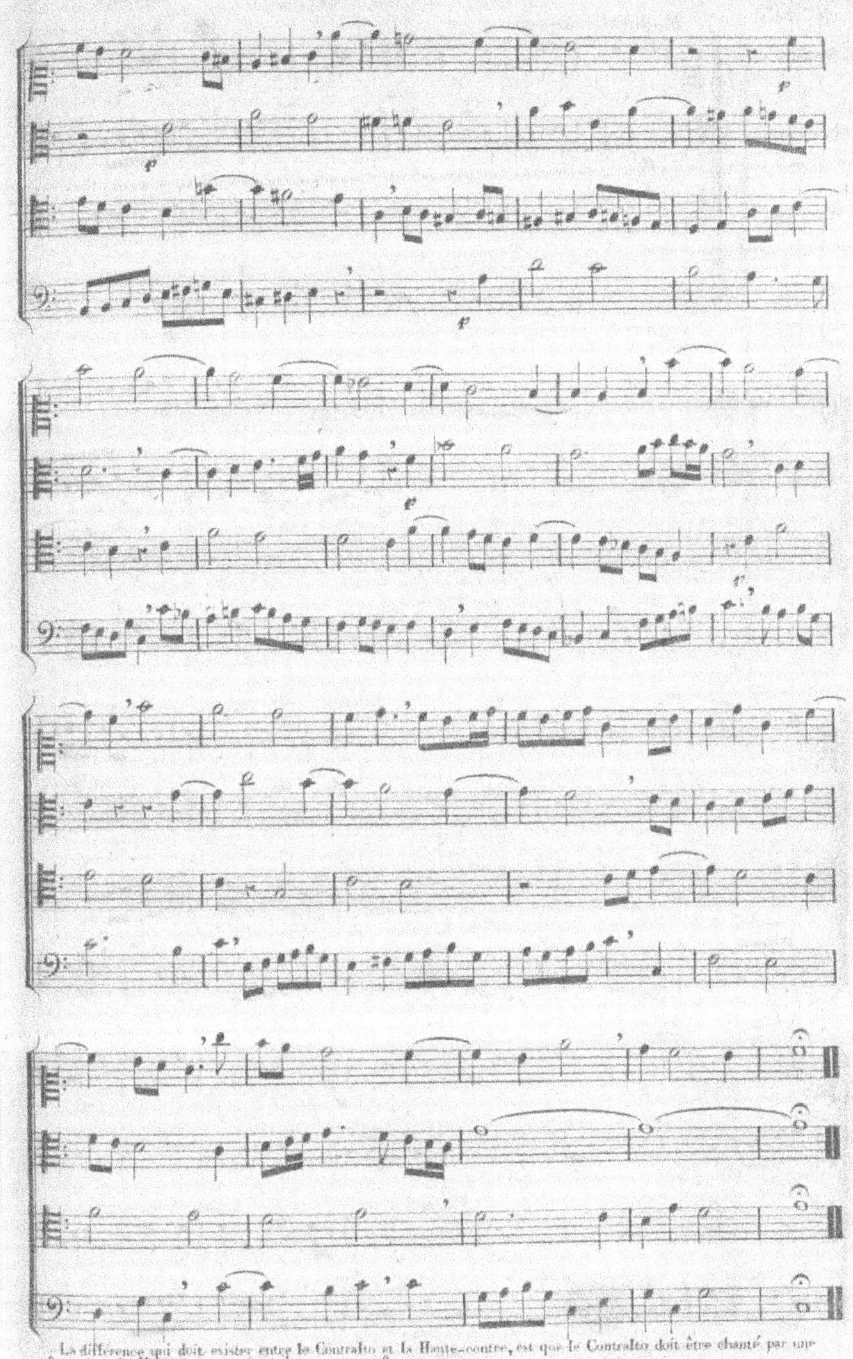

La différence qui doit exister entre le Contralto et la Haute-contre, est que le Contralto doit être chanté par une femme, et la Haute-contre par un homme. (2ᵉ. P.)

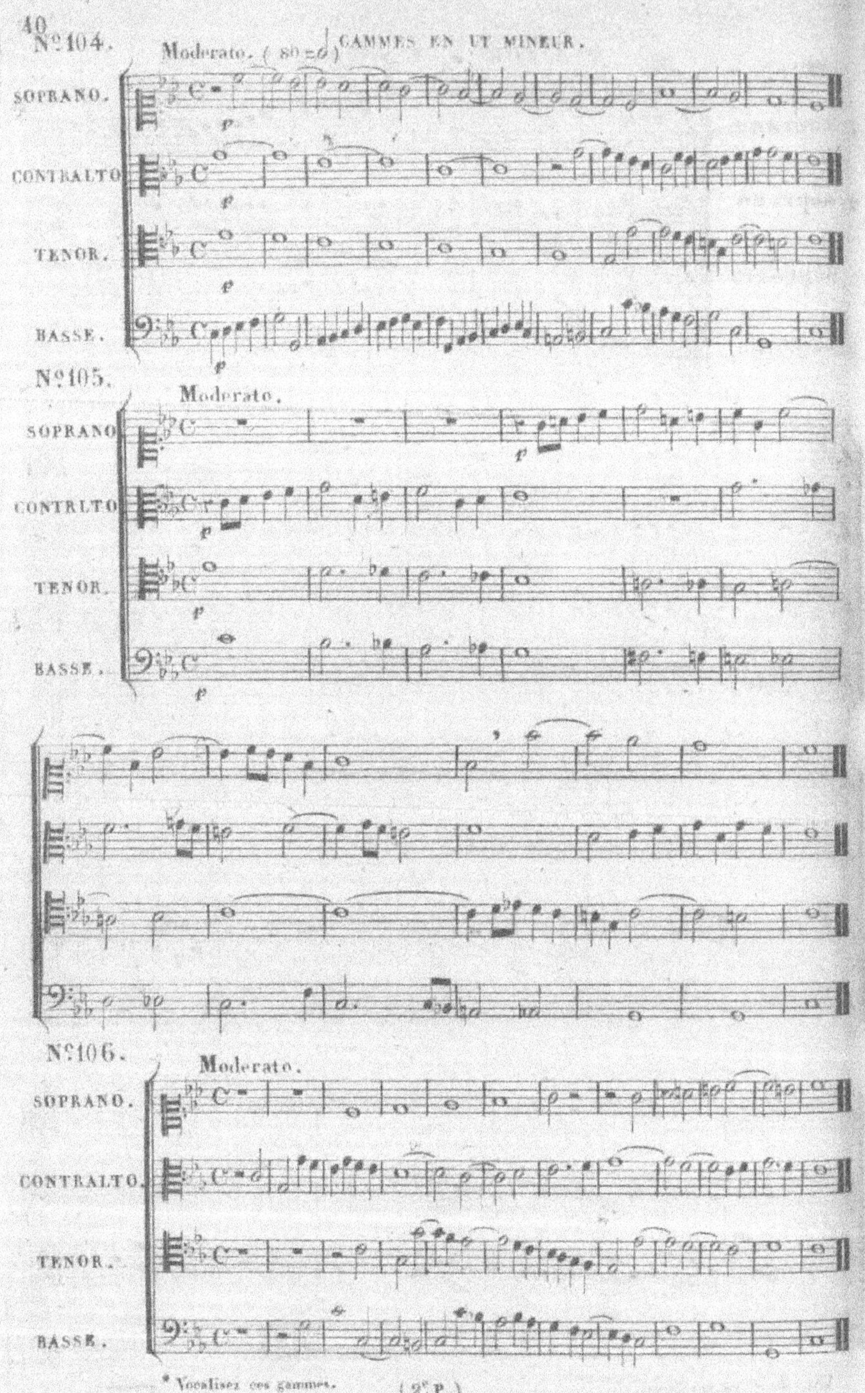
40
N.º 104.
Moderato. (80 =) GAMMES EN UT MINEUR.
SOPRANO.
CONTRALTO.
TENOR.
BASSE.
N.º 105.
Moderato.
SOPRANO.
CONTRLTO.
TENOR.
BASSE.
N.º 106.
Moderato.
SOPRANO.
CONTRALTO.
TENOR.
BASSE.
* Vocalisez ces gammes.
(2.ᵉ P.)

QUATUOR À 4 SOPRANOS.

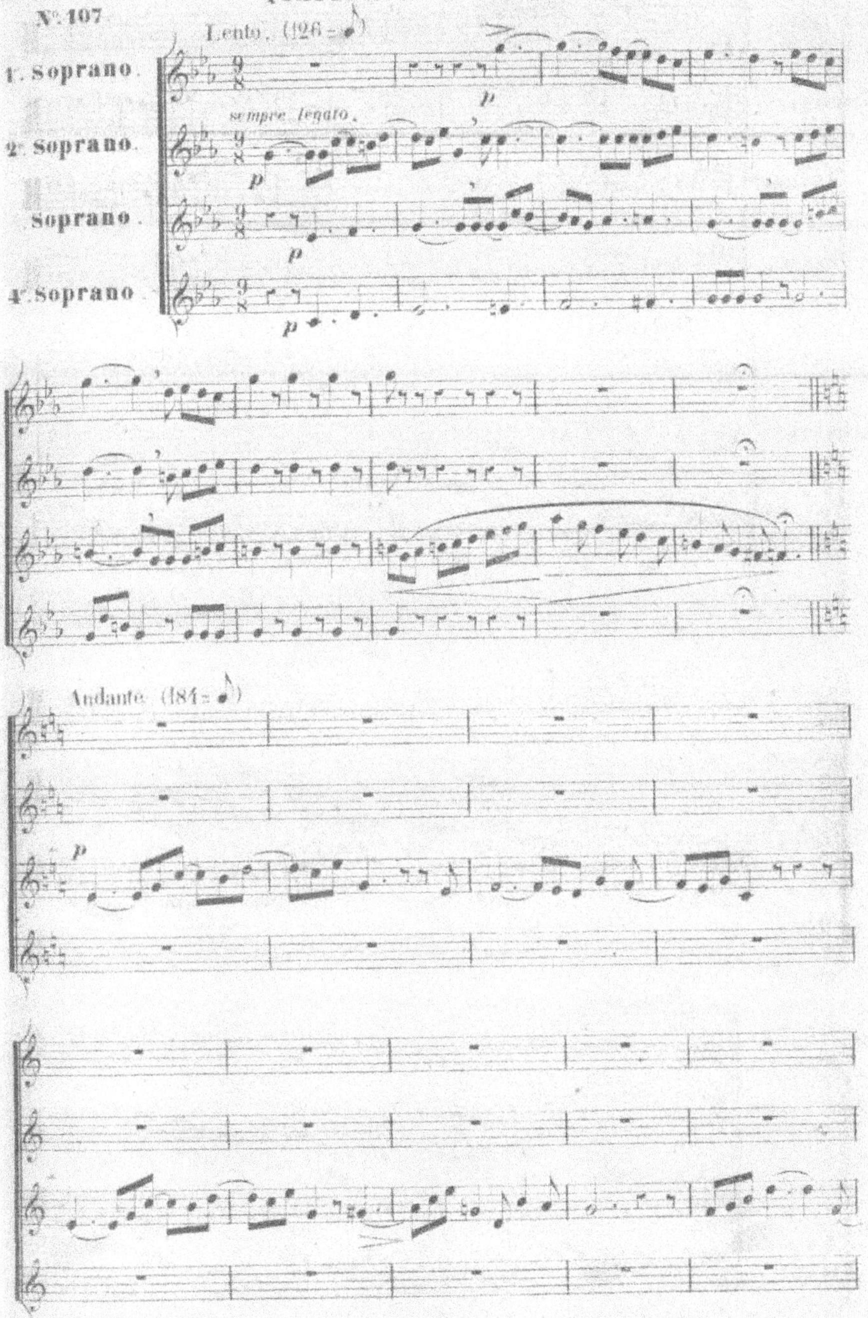

N°. 107

Lento. (126 = ♪)

1. Soprano.

2. Soprano.

Soprano.

4. Soprano.

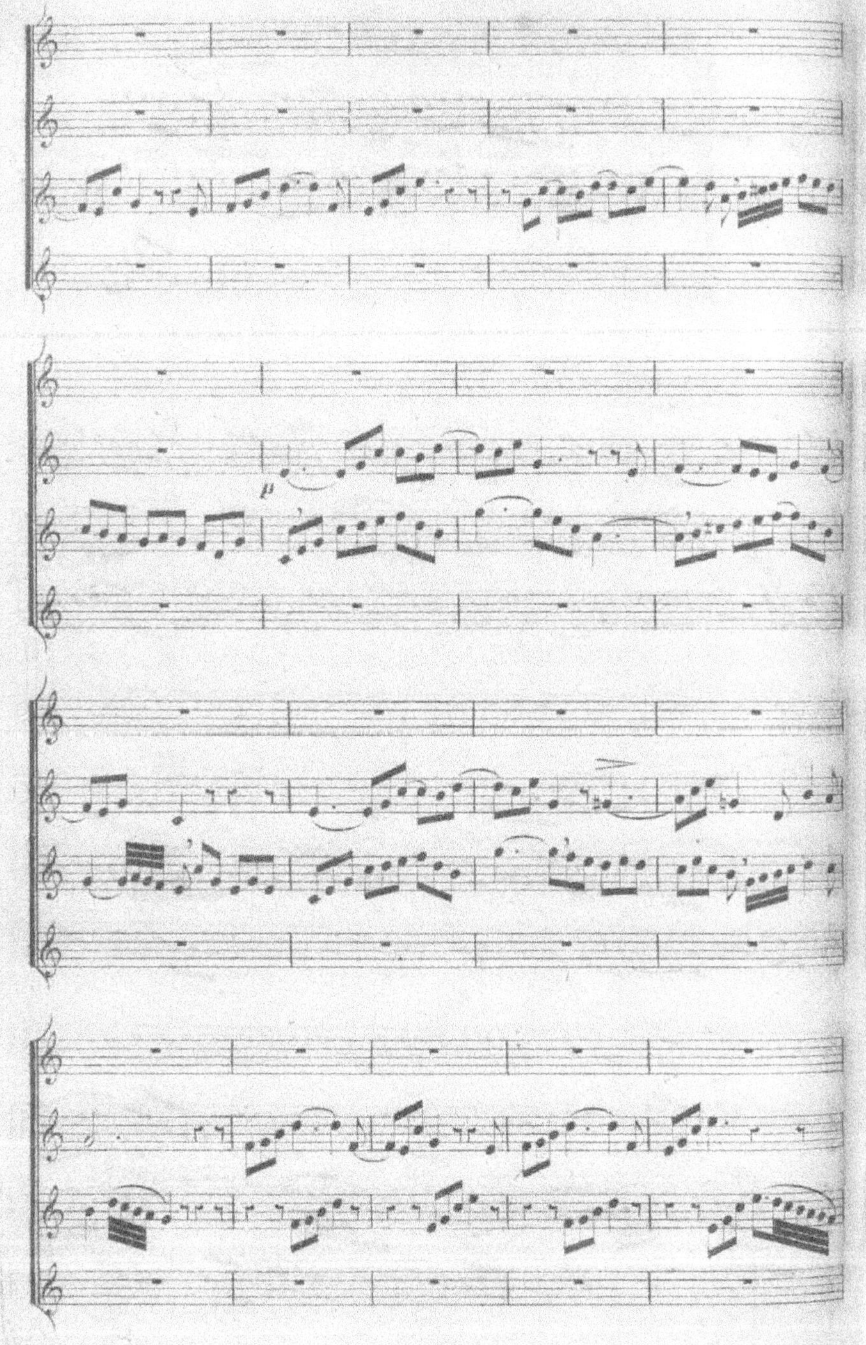

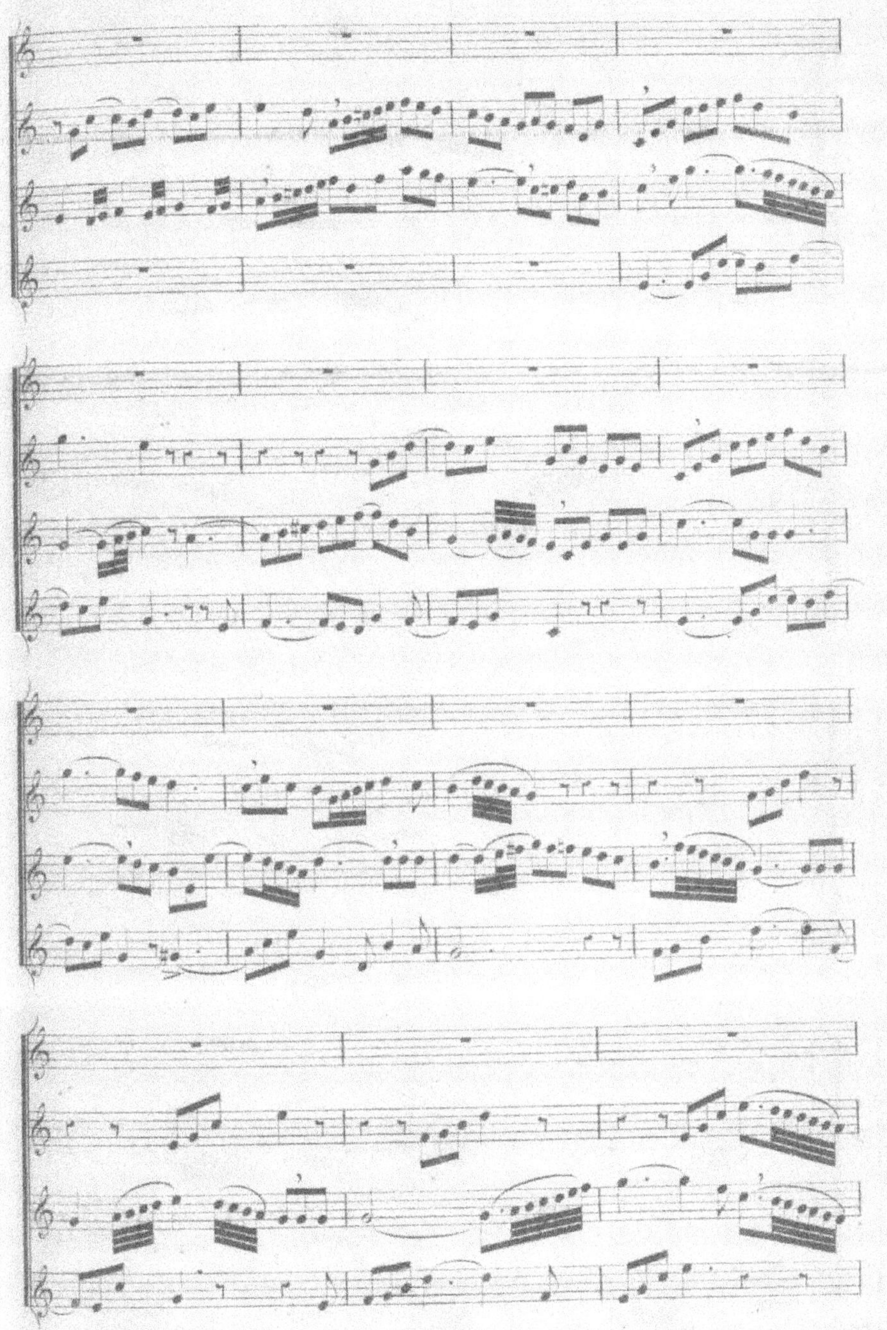

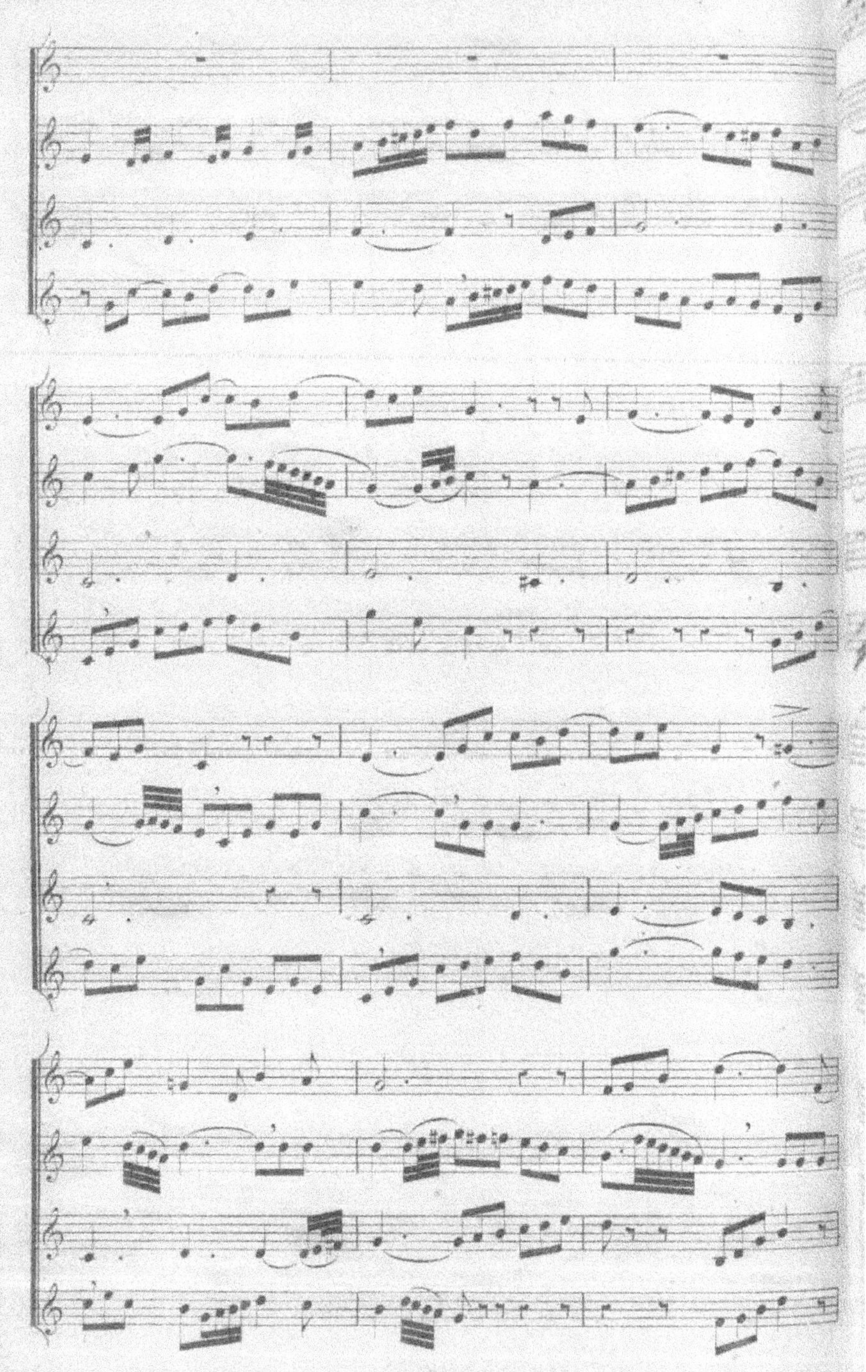

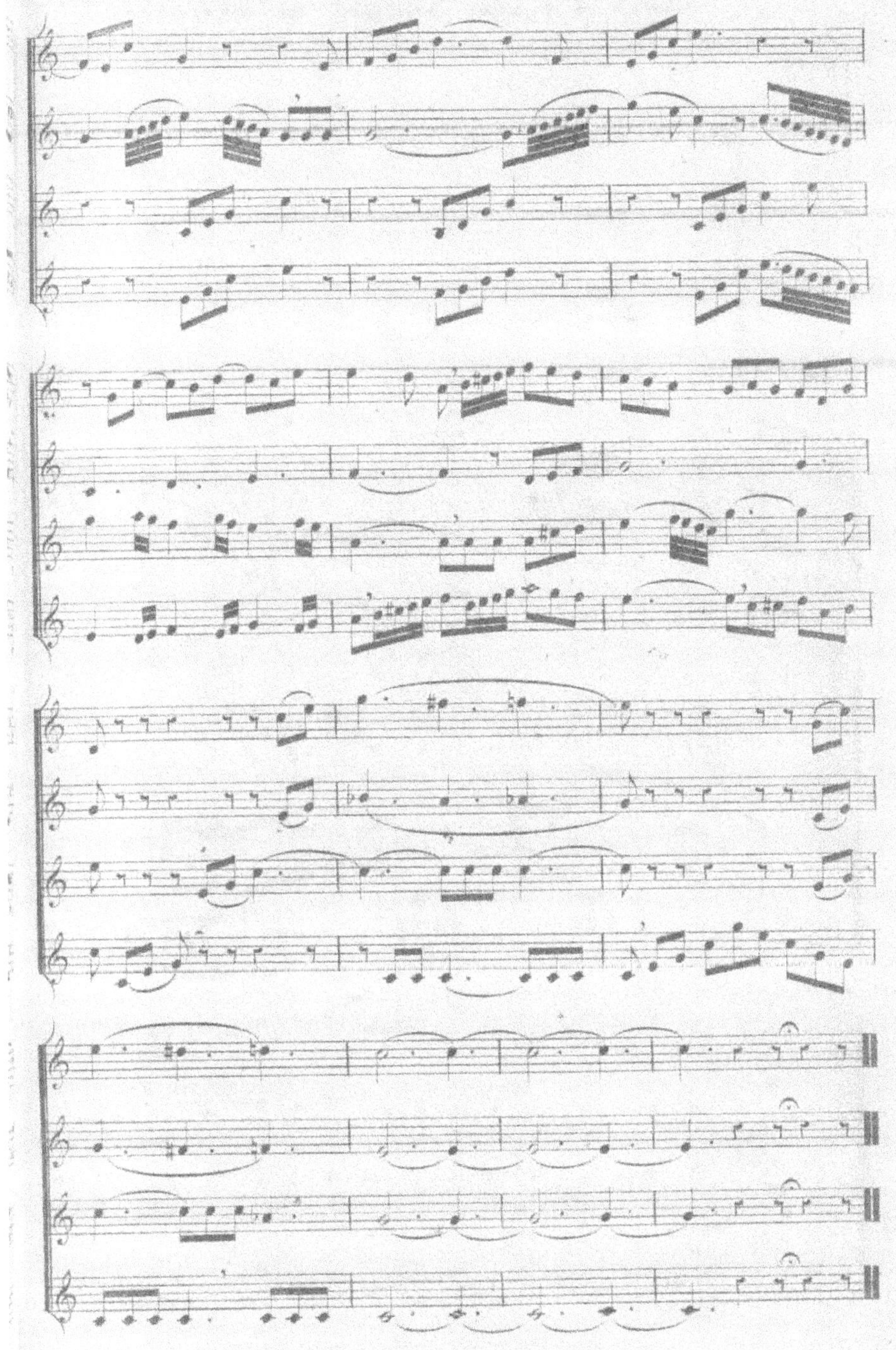

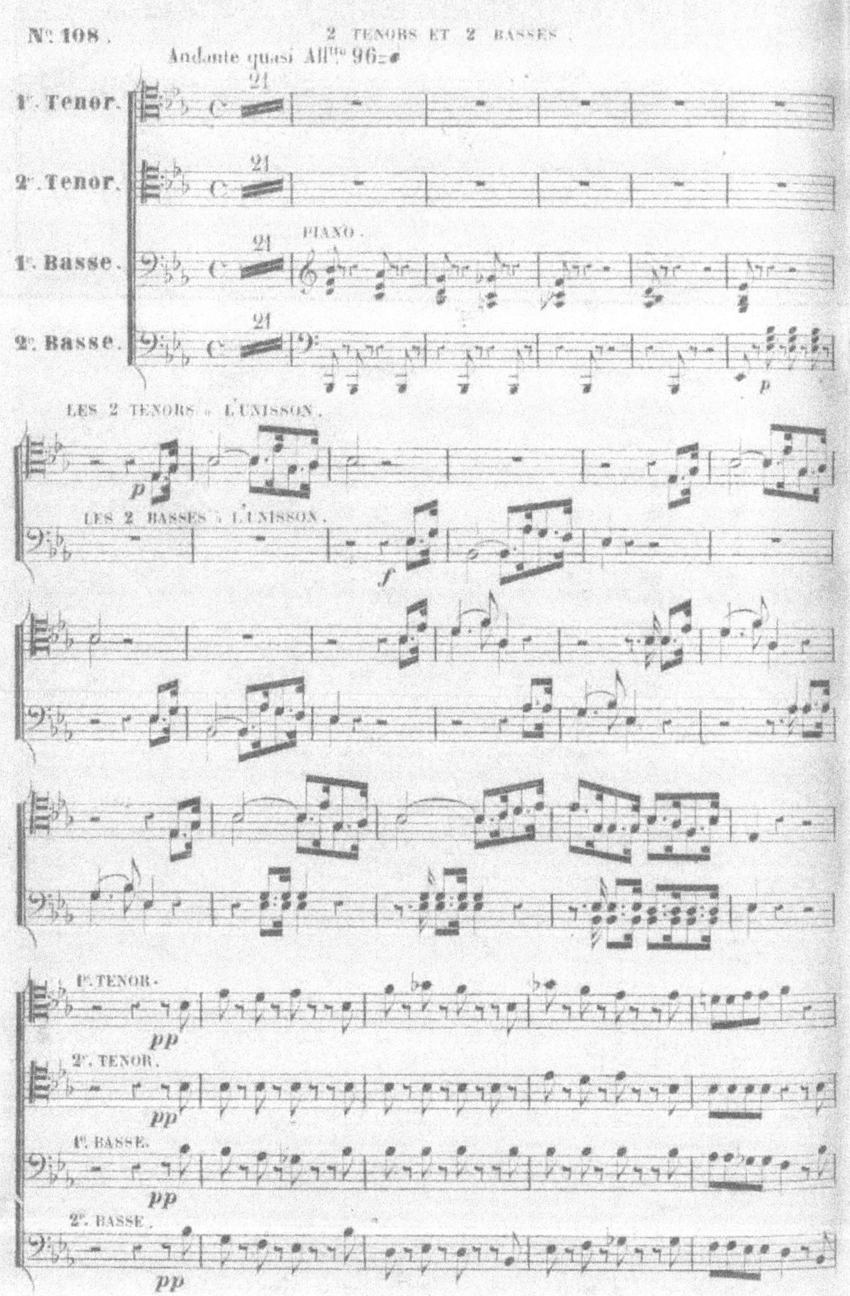
CHŒUR À 4 VOIX D'HOMME DE MEYERBEER
Nº 108.
2 TENORS ET 2 BASSES.
Andante quasi Allᵗᵒ 96=
1ᵉʳ. Tenor.
2ᵉ. Tenor.
1ᵉ. Basse.
2ᵉ. Basse.
PIANO.
LES 2 TENORS À L'UNISSON.
LES 2 BASSES À L'UNISSON.
1ᵉ. TENOR.
2ᵉ. TENOR.
1ᵉ. BASSE.
2ᵉ. BASSE.

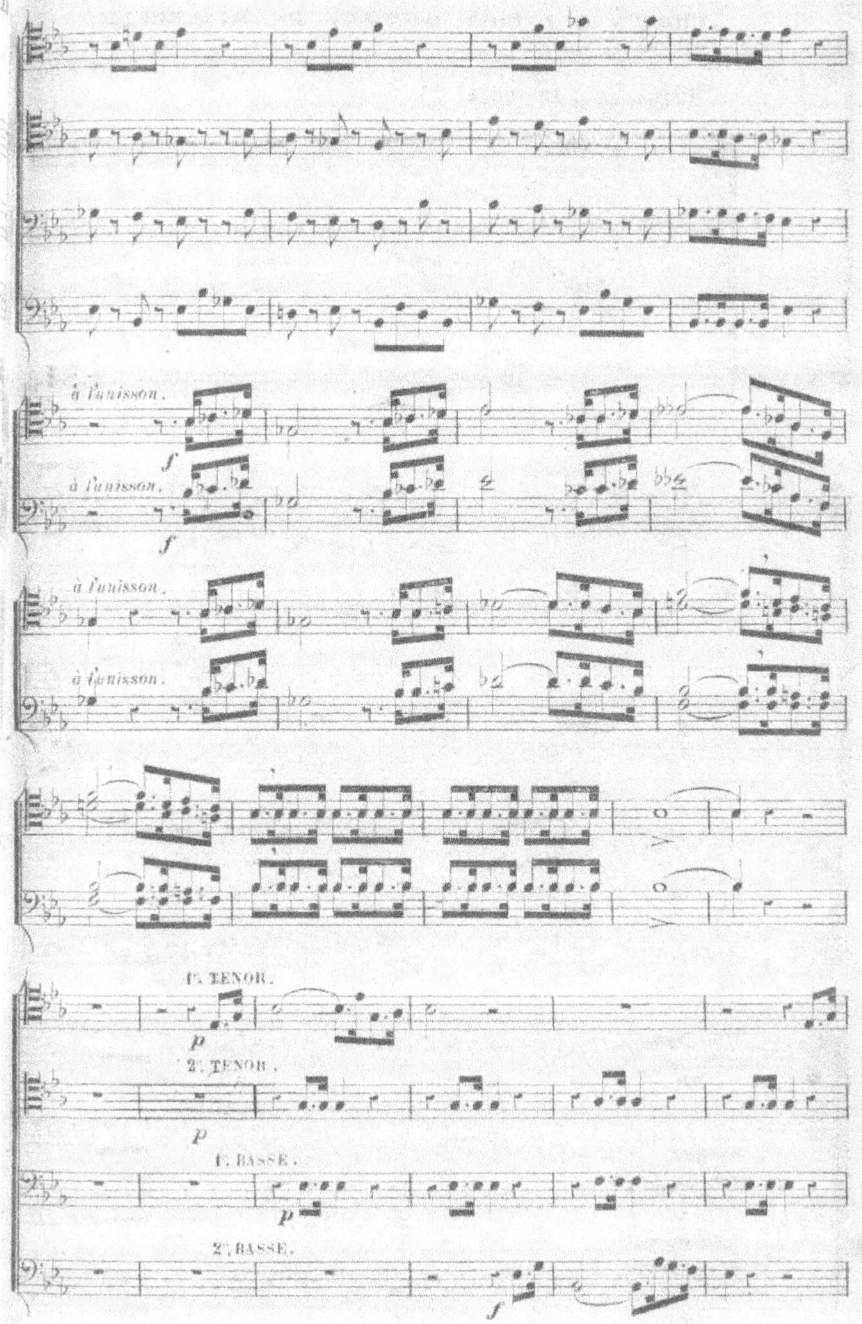

à l'unisson.
f
à l'unisson.
f
à l'unisson.
à l'unisson.
1ᵉʳ TENOR.
p
2ᵉ TENOR.
p
1ᵉ BASSE.
p
2ᵉ BASSE.
f

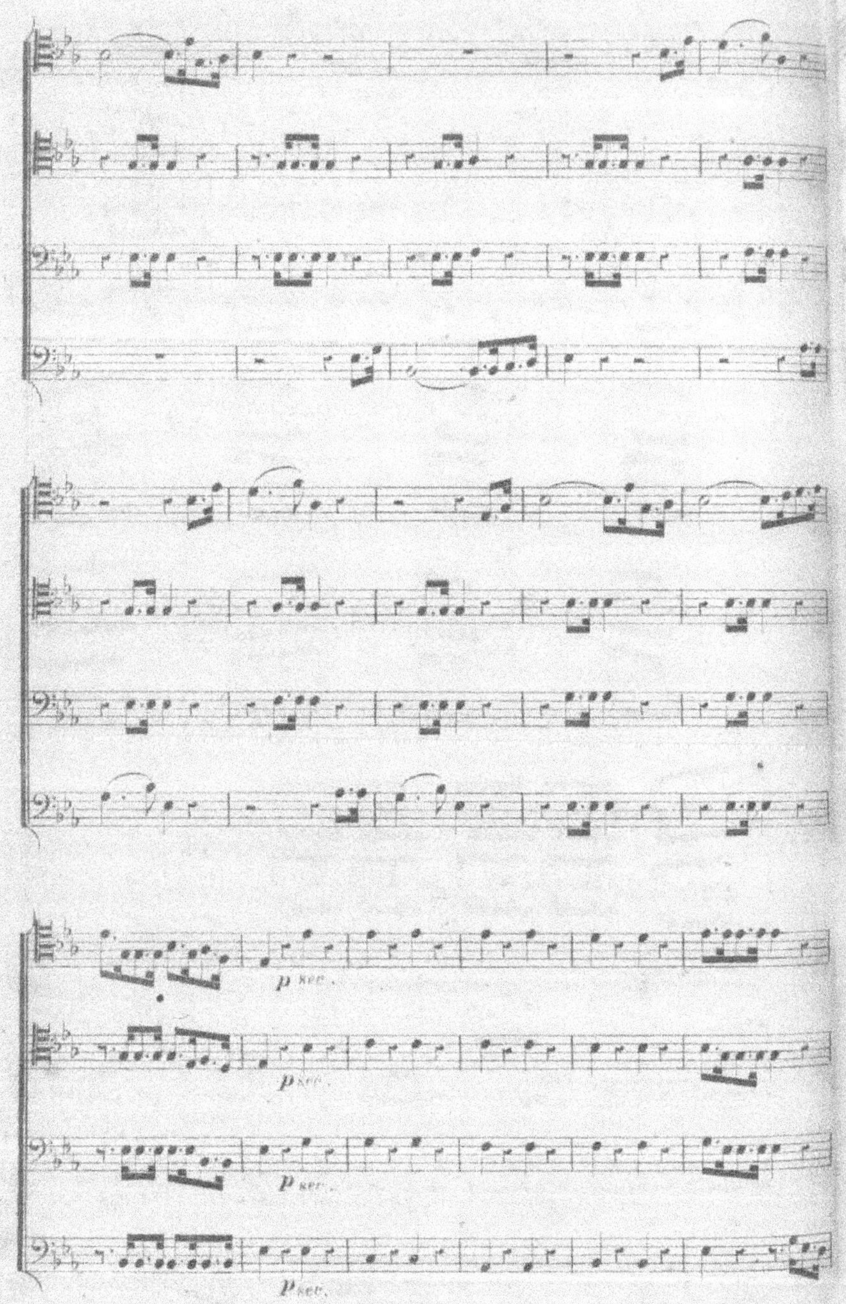
p cresc.
p cresc.
p cresc.
p cresc.

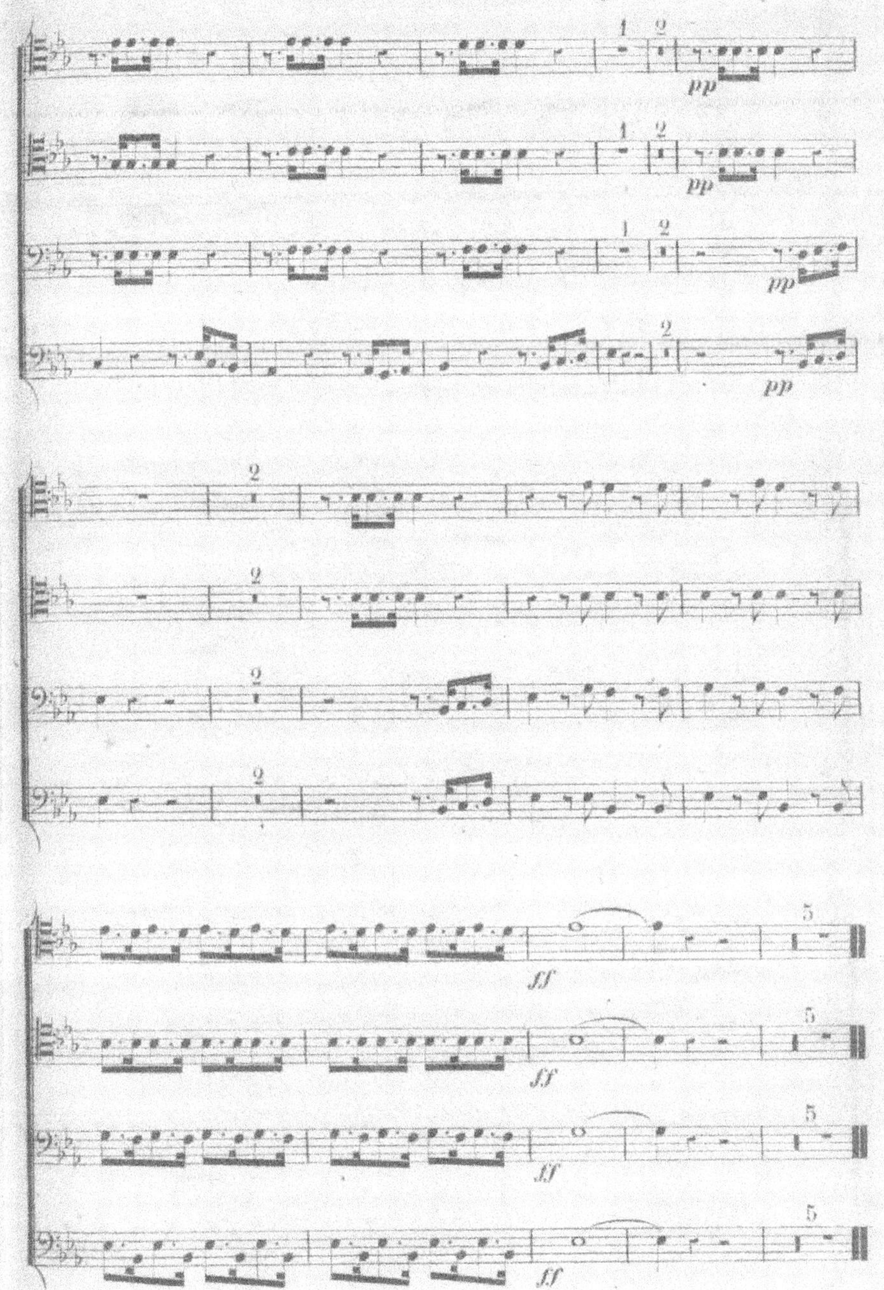
pp
pp
pp
pp
ff
ff
ff
ff

N.º 109.

SOLFÈGE À 4 VOIX.

POUR LE SOLFÈGE D'ENSEMBLE
DE SON AMI PANSERON.

Andantino. (96 = ♩) PAR ADAM.

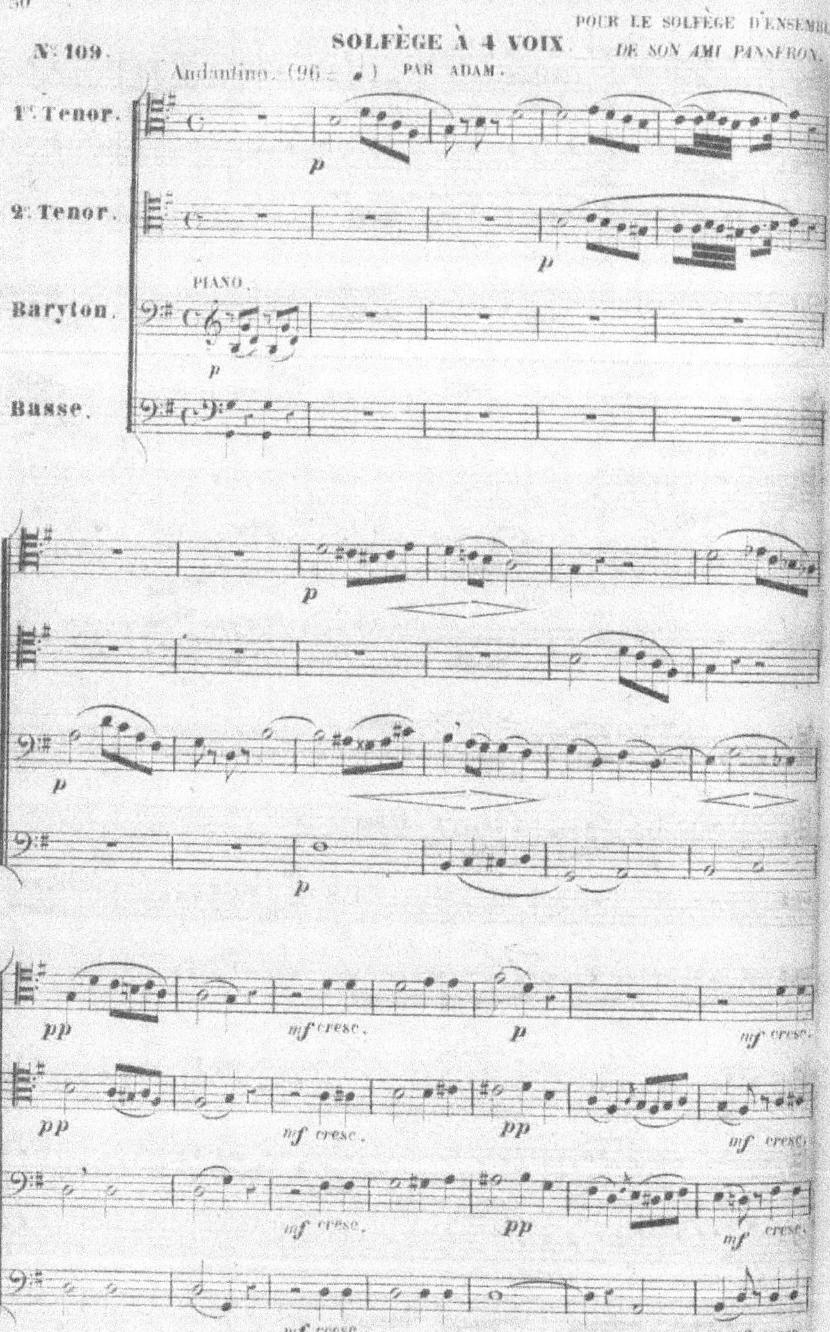

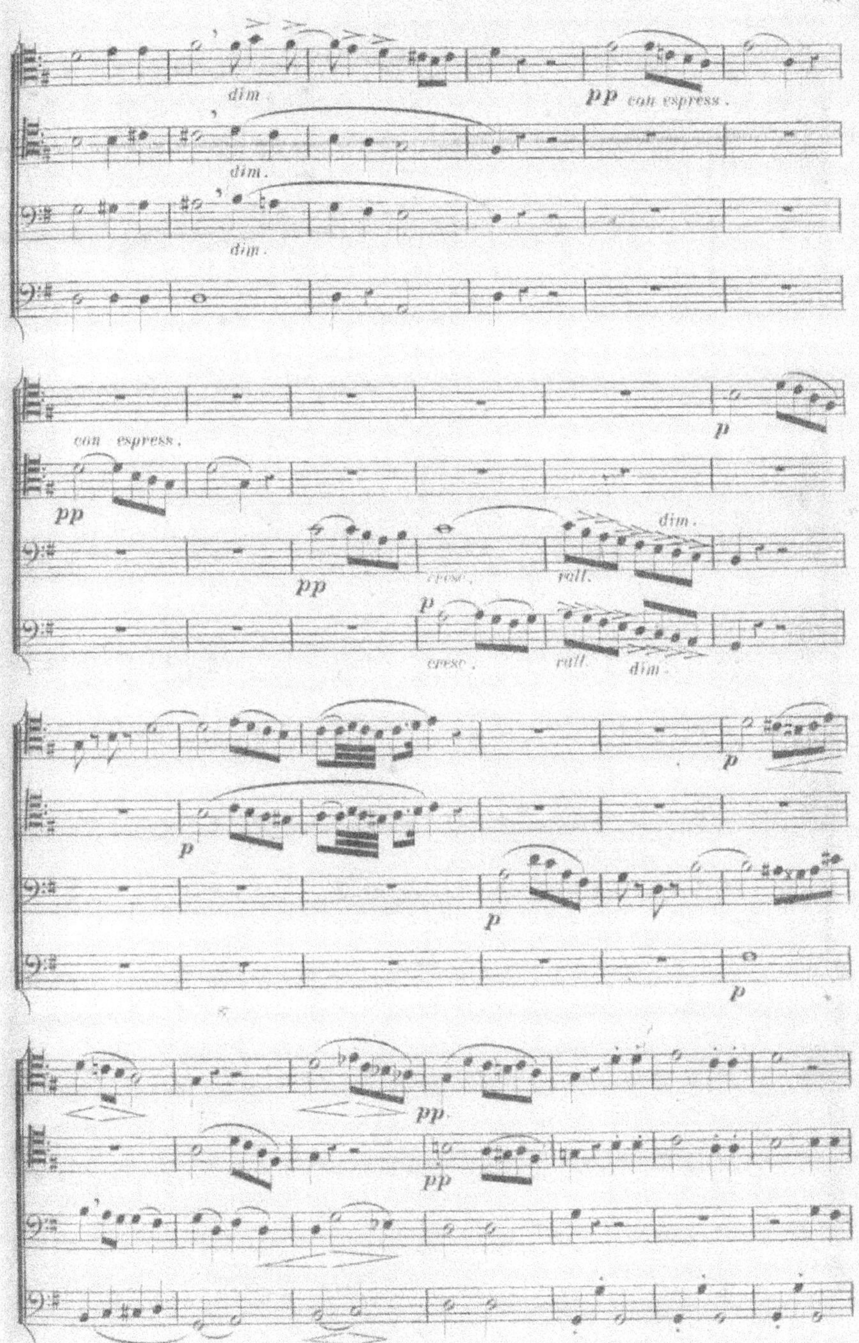
51
dim.
pp con espress.
dim.
dim.
con espress.
pp
pp
cresc.
rall.
dim.
p
cresc.
rall.
dim.
p
p
p
p
p
pp
pp

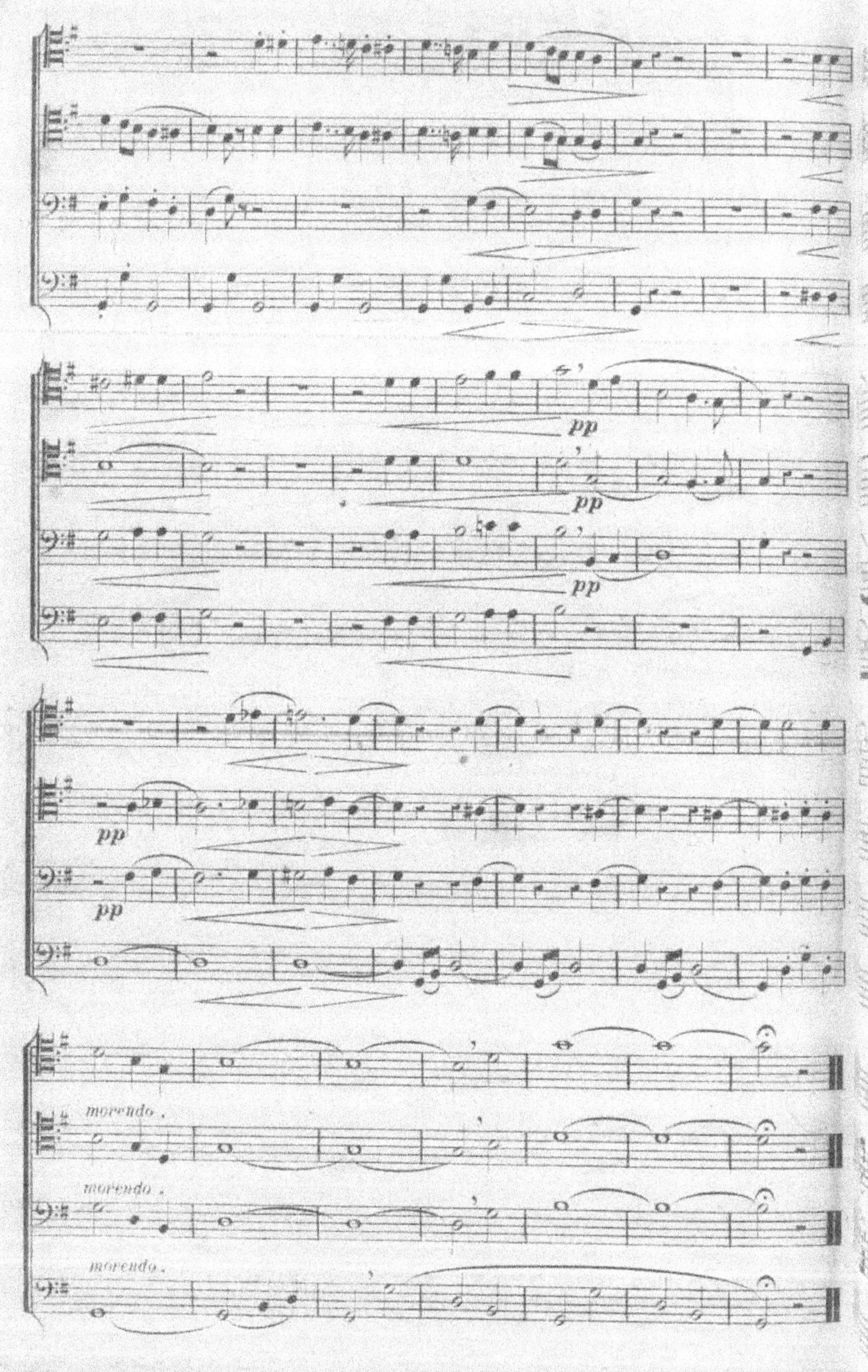
pp
pp
pp
pp
pp
morendo.
morendo.
morendo.

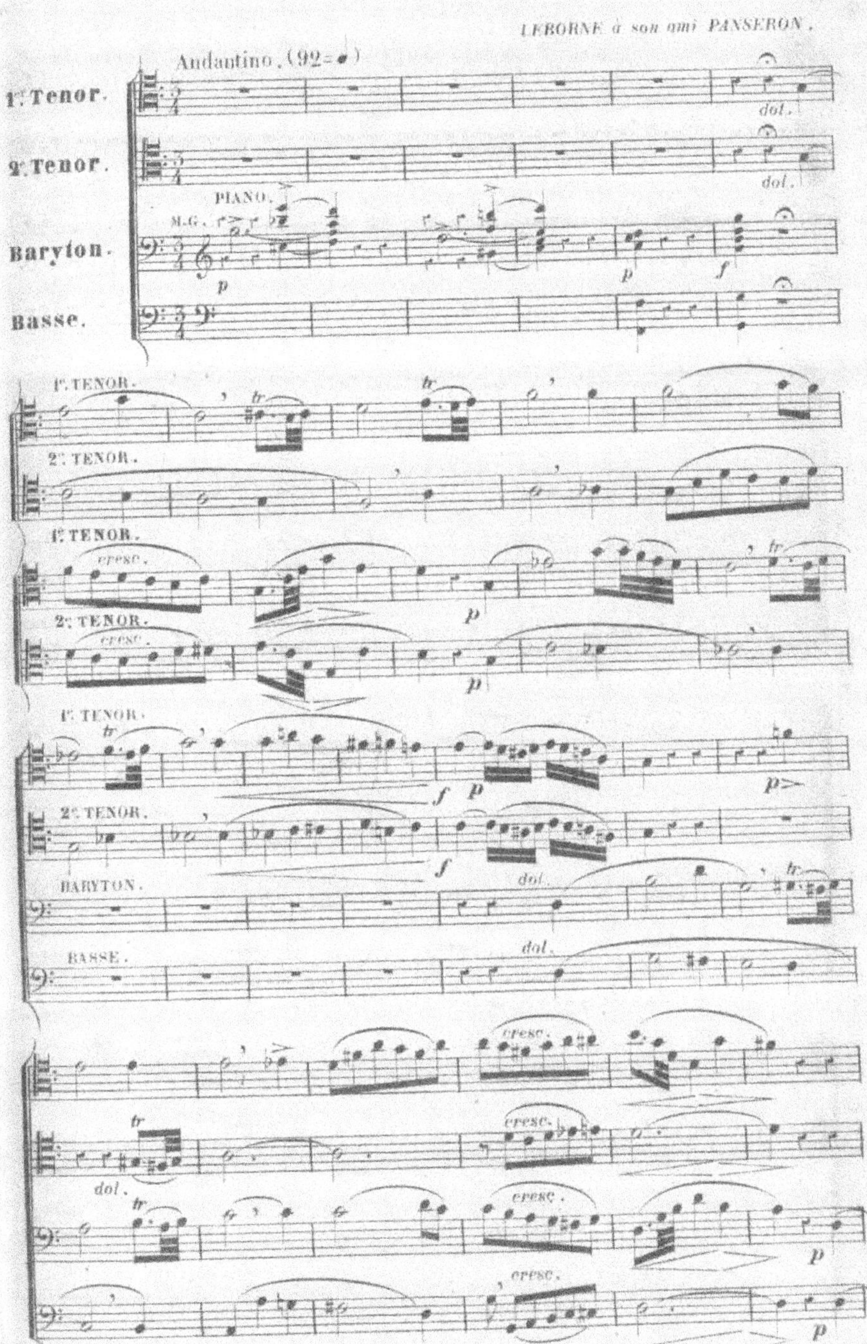
LEBORNE à son ami PANSERON.
Andantino. (92 = ♩)
1ᵉʳ Tenor.
2ᵉ Tenor.
Baryton.
Basse.
PIANO.
M.G.
p
p
f
1ᵉʳ TENOR.
2ᵉ TENOR.
tr
tr
1ᵉʳ TENOR.
cresc.
p
2ᵉ TENOR.
cresc.
p
1ᵉʳ TENOR.
tr
f p
p>
2ᵉ TENOR.
f
dol.
tr
BARYTON.
dol.
tr
BASSE.
dol.
tr
cresc.
tr
cresc.
dol.
tr
cresc.
p
cresc.
p

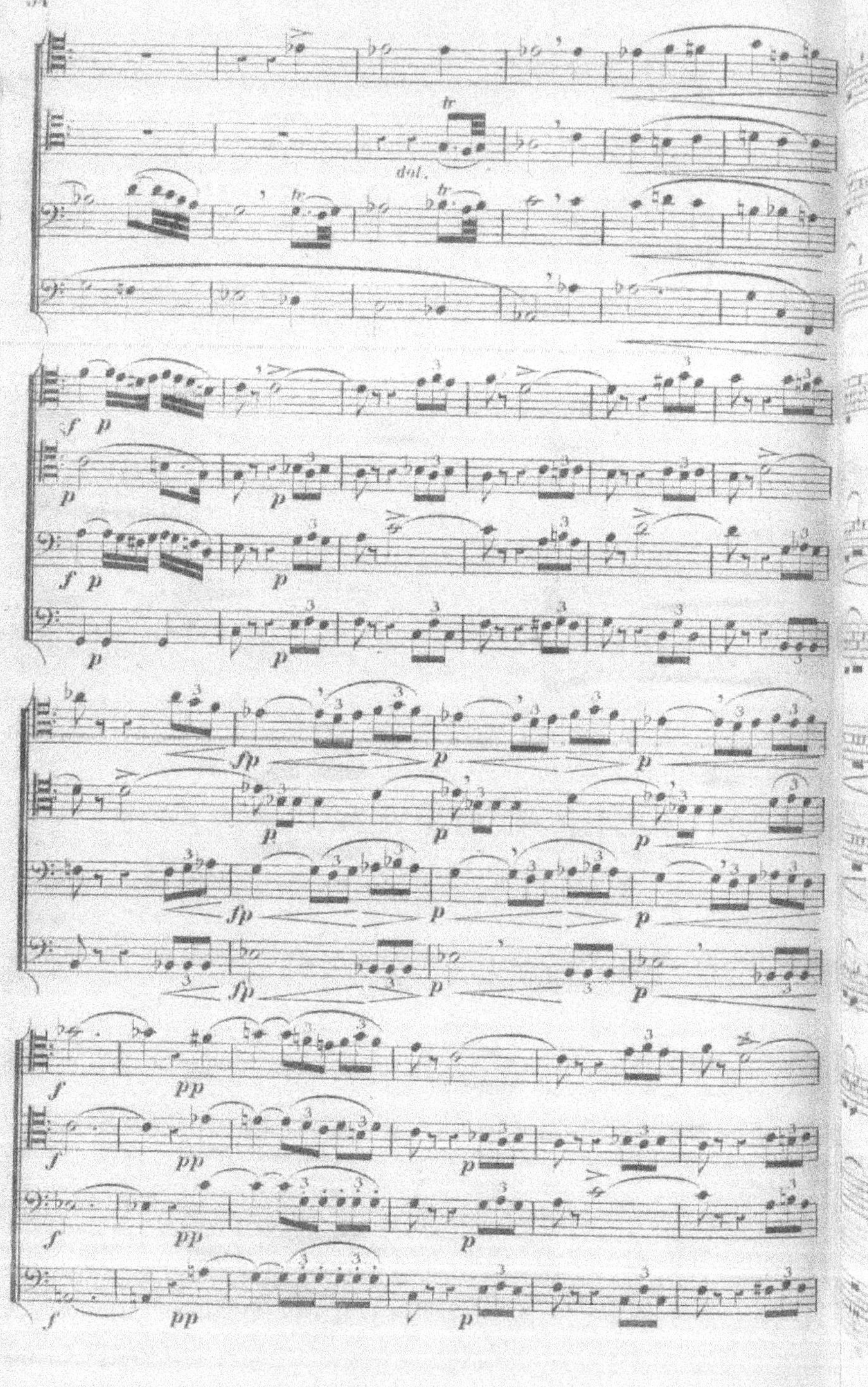

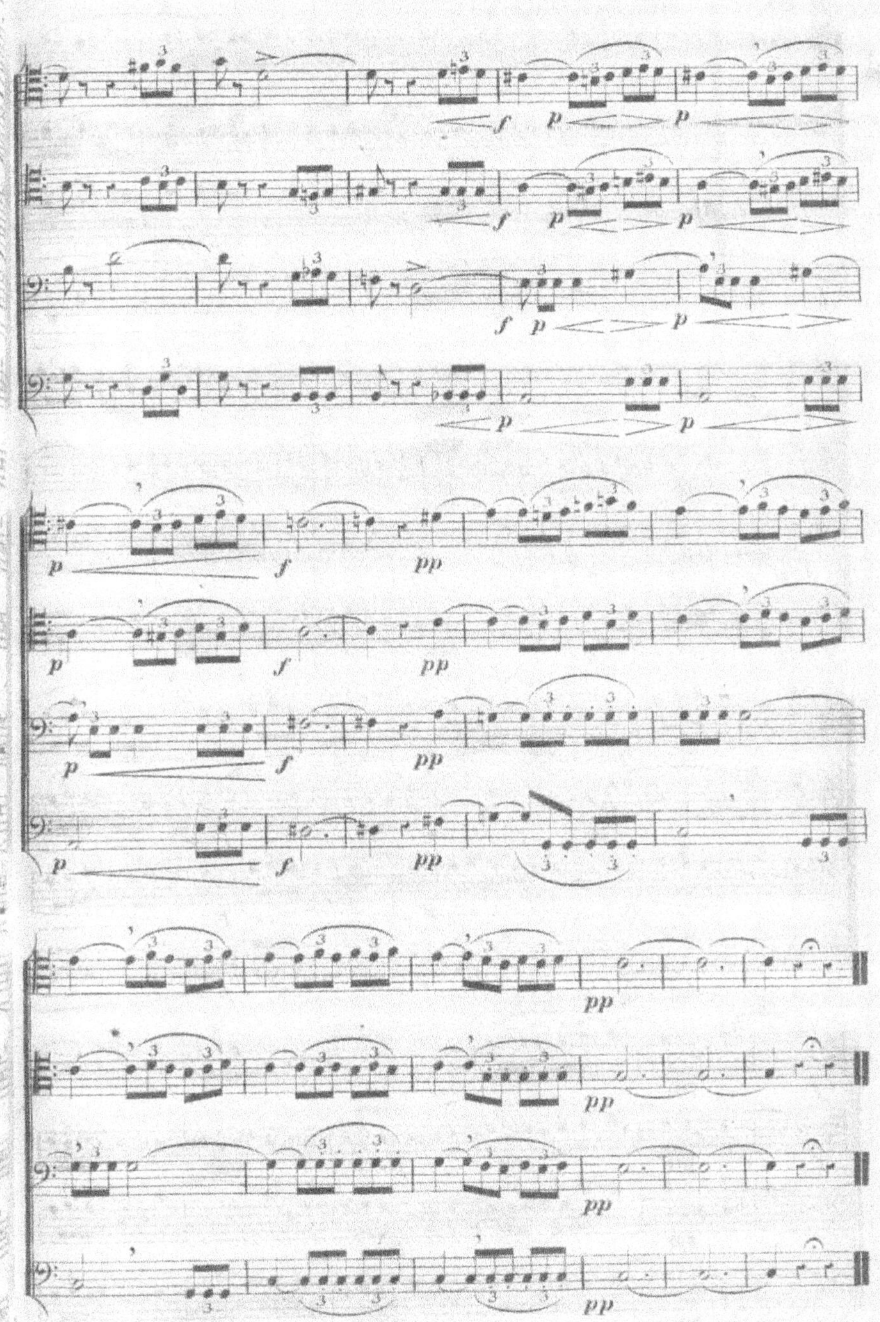

N°.III.   Allegretto. (112 = ♩)

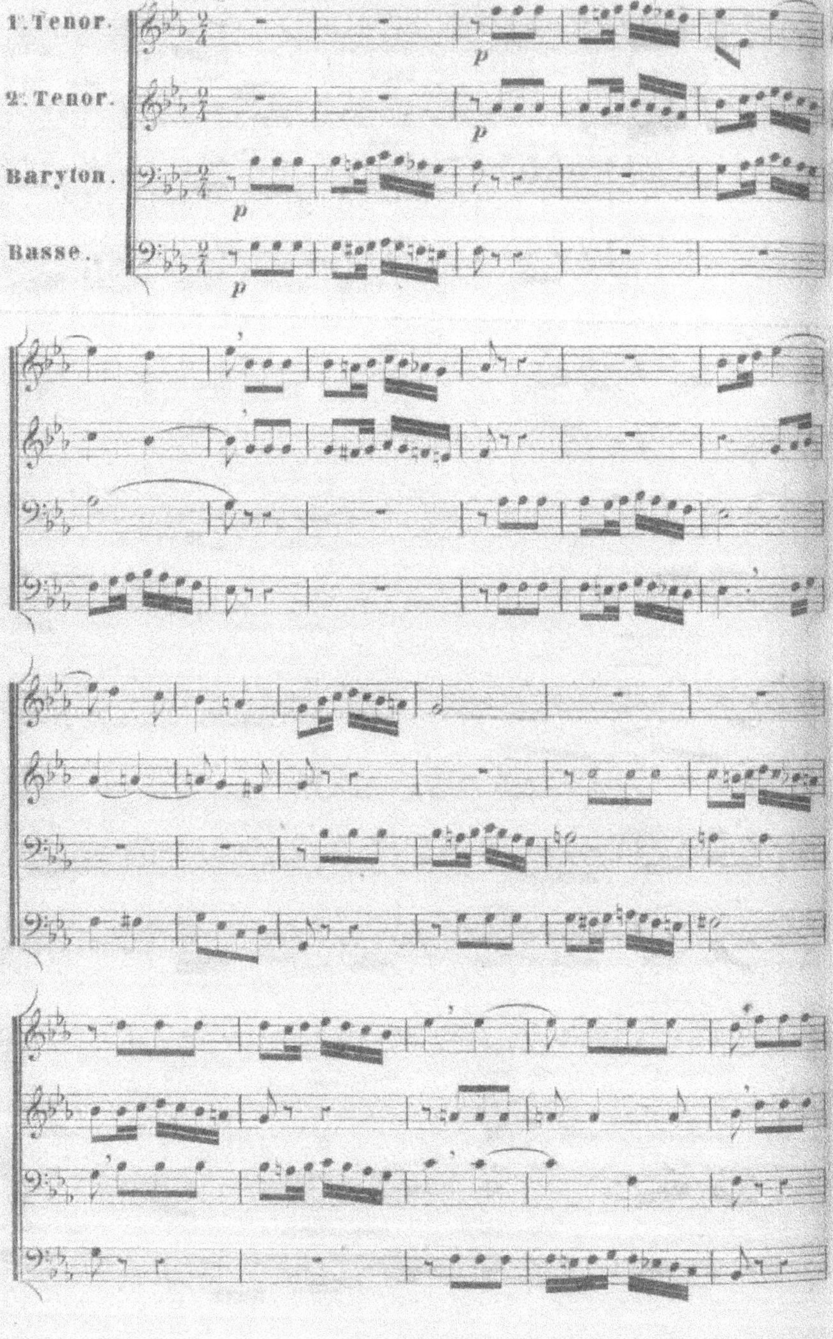

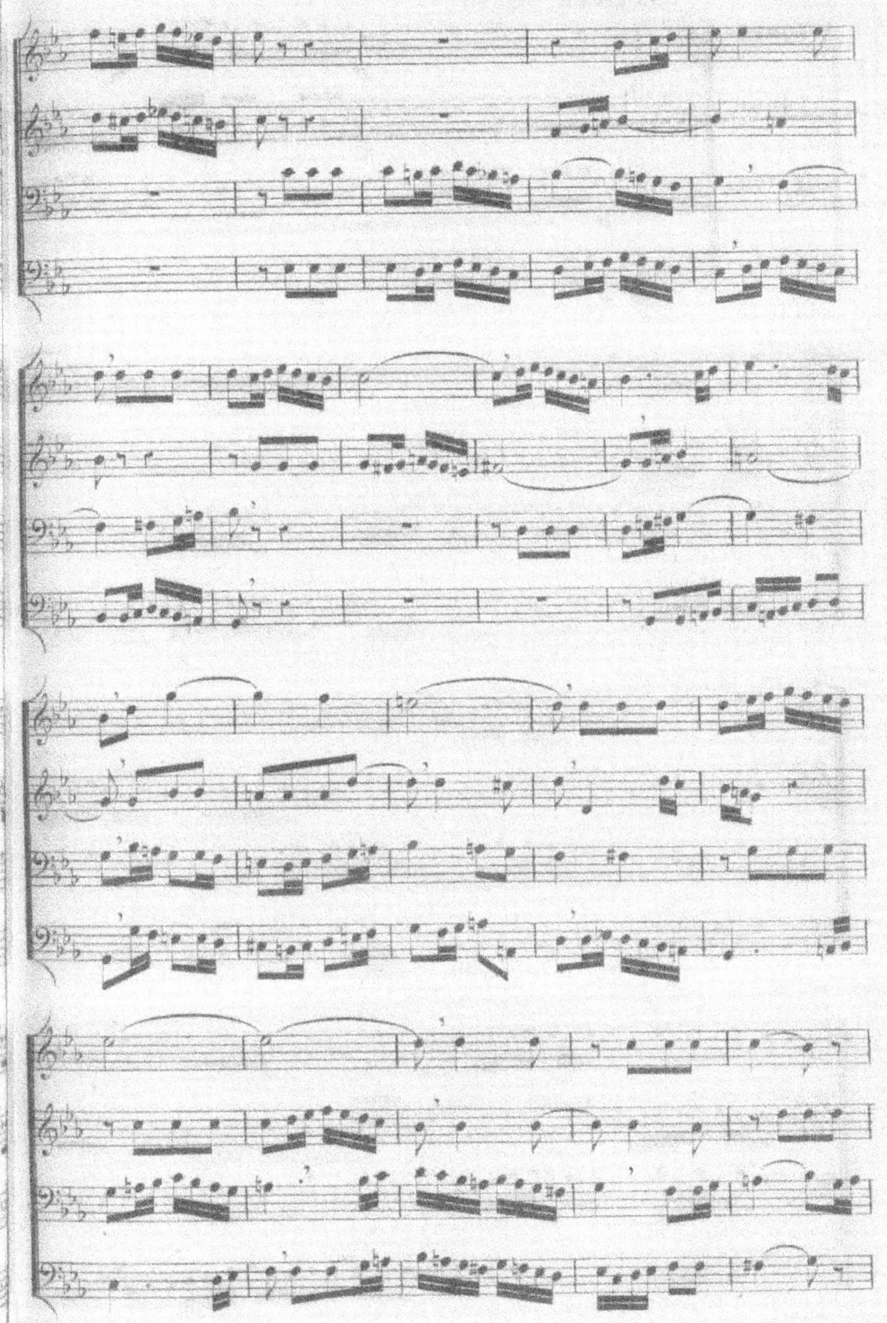

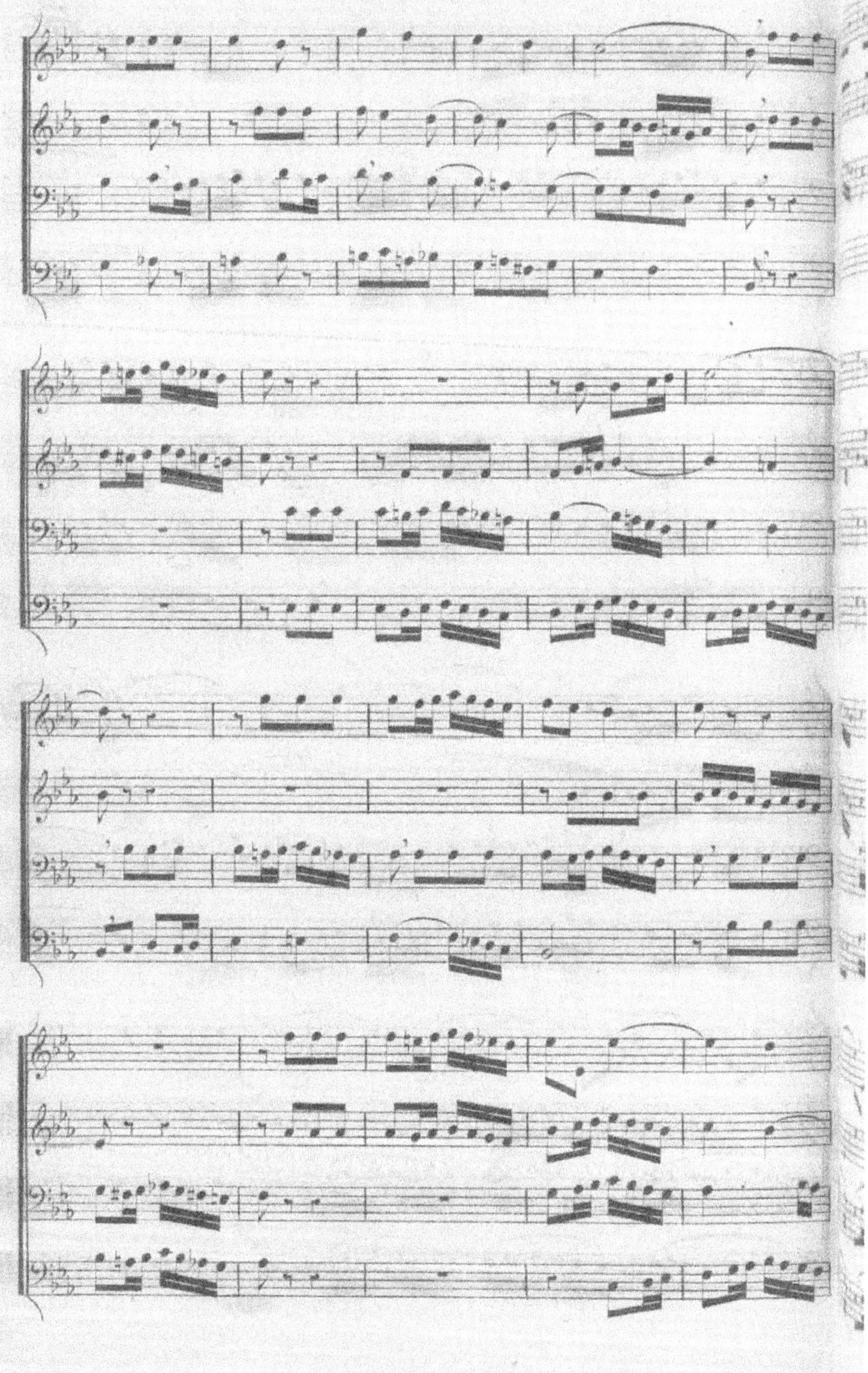

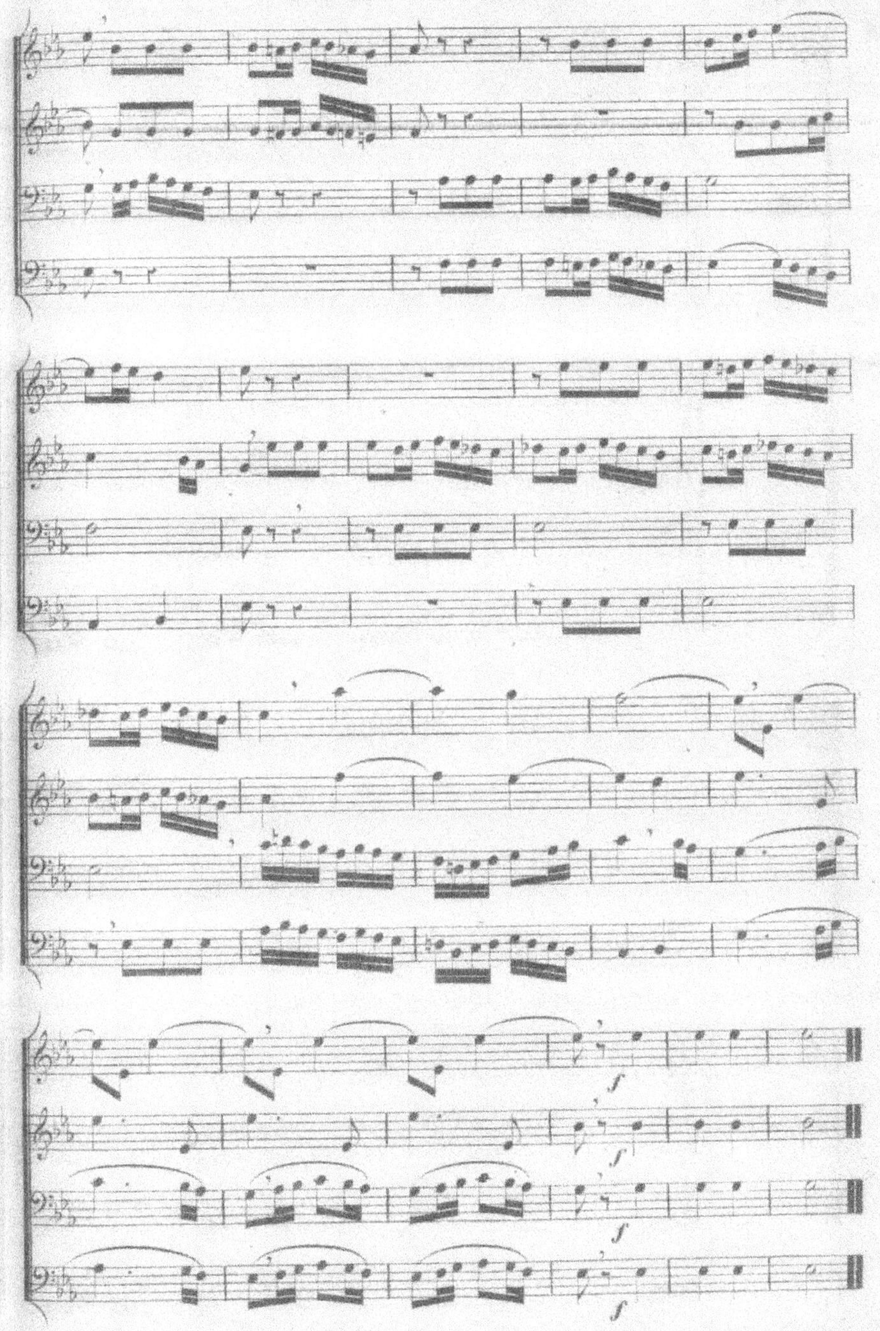

DIFFERENTES GAMMES.

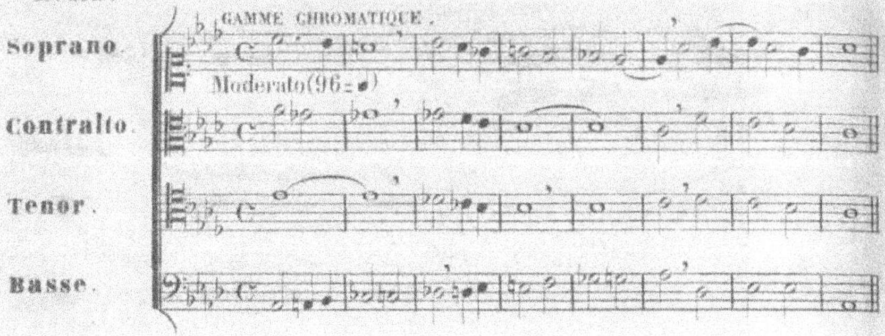

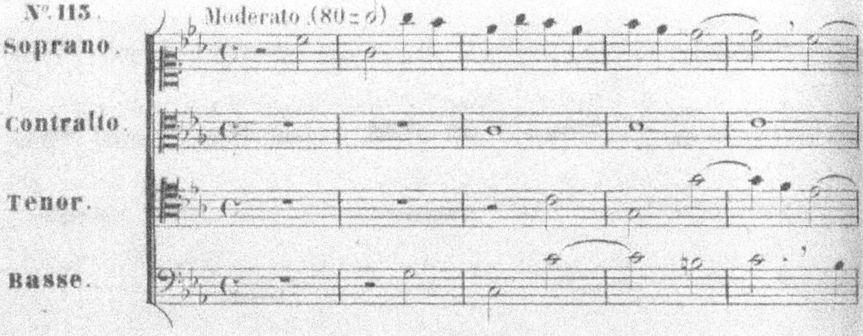

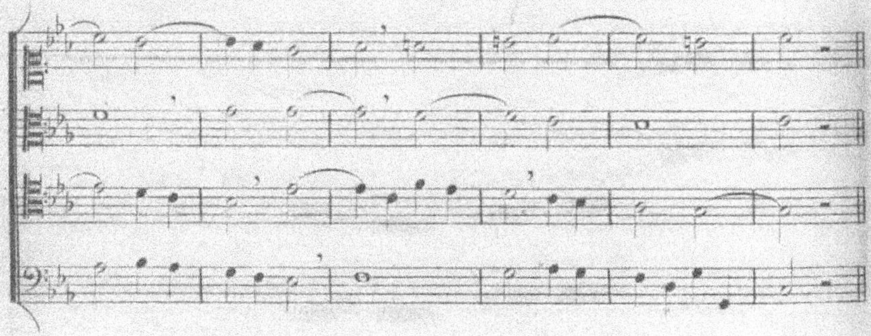

N.º 112.

N.º 113.

N.º 114.

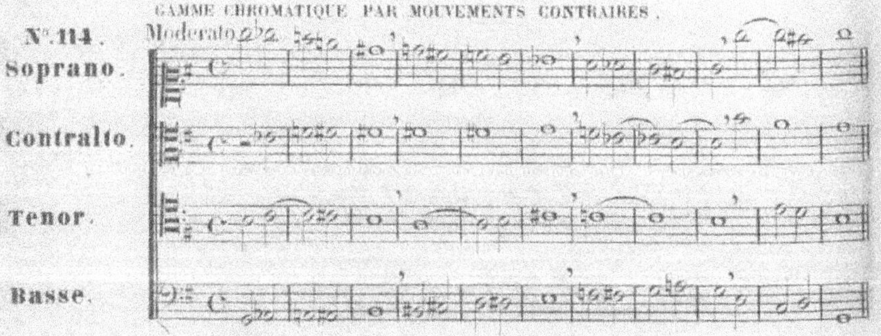

QUATUOR À VOIX D'HOMME COMPOSÉ PAR M. AUBER.

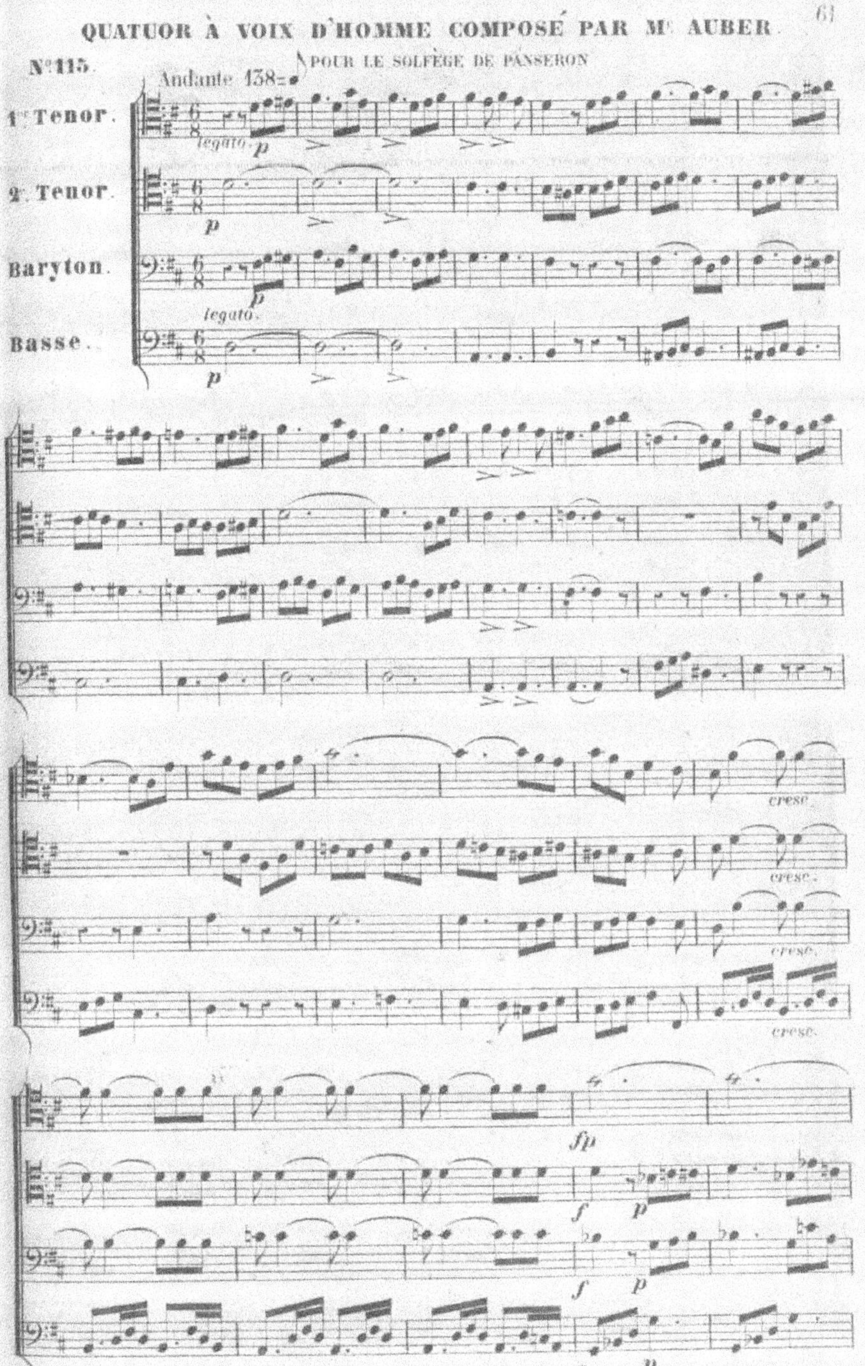

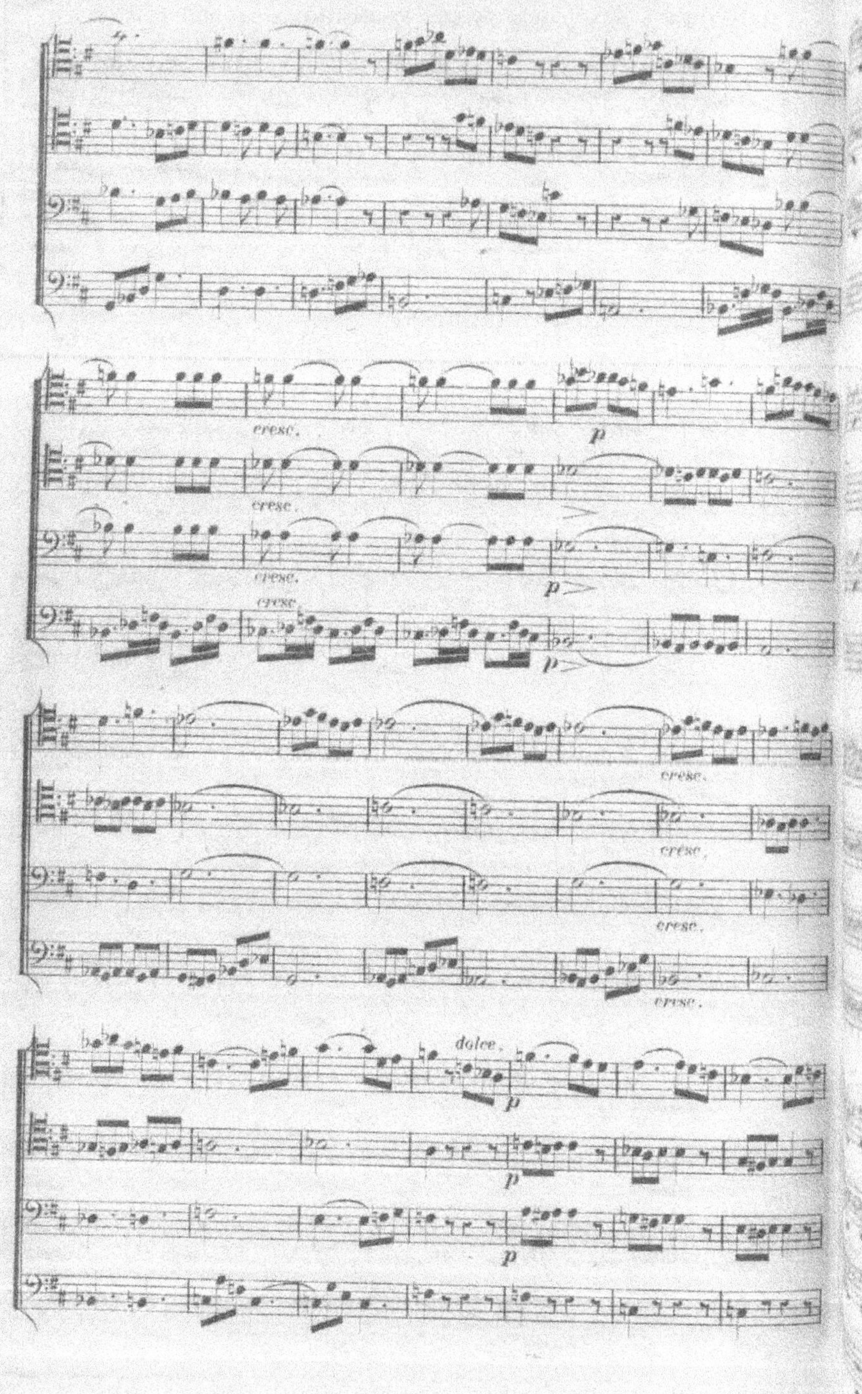
cresc.
p
cresc.
cresc.
cresc.
p
p
cresc.
cresc.
cresc.
cresc.
dolce.
p
p
p

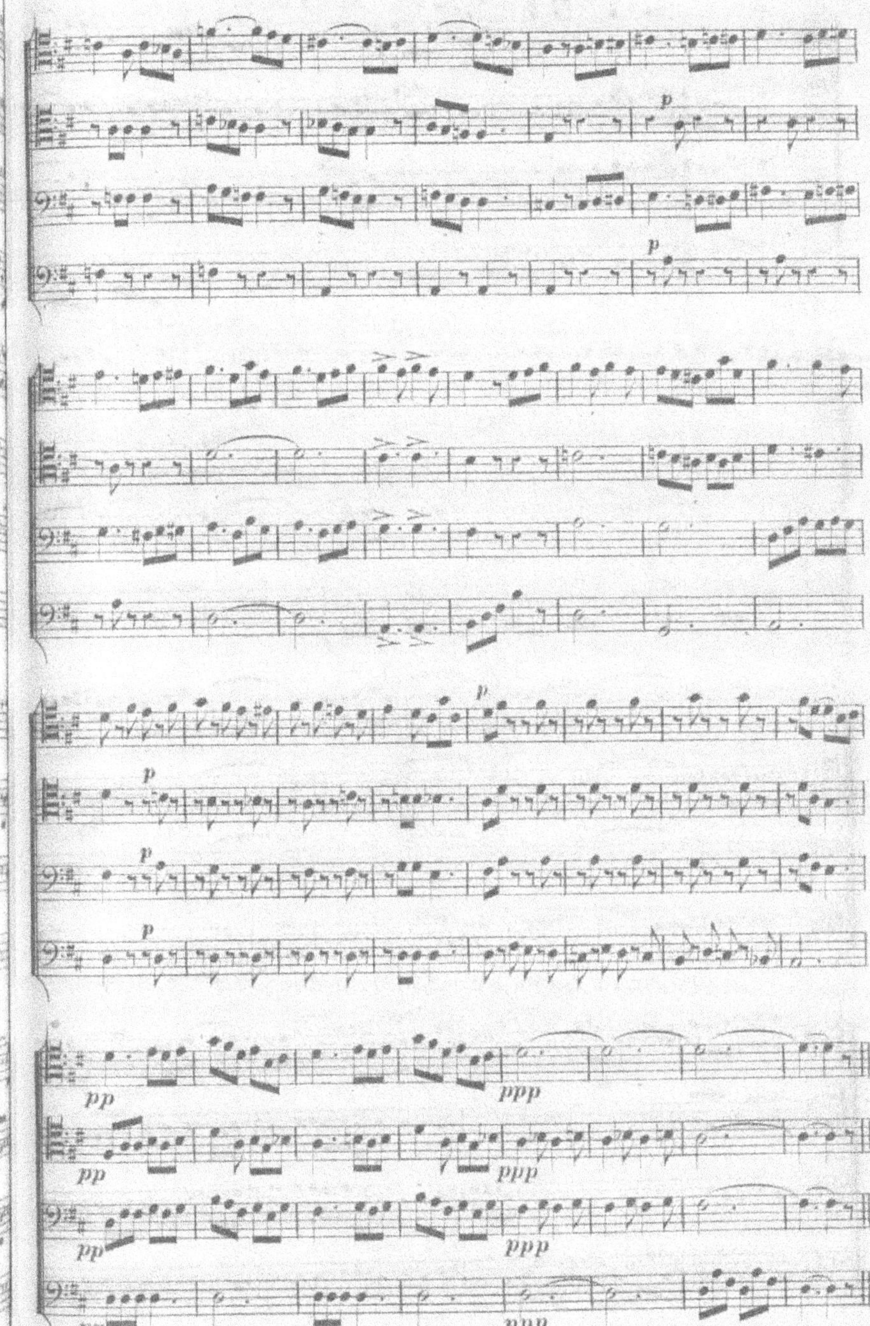
p
p
p
p
p
p
pp
ppp
pp
ppp
pp
ppp
pp
ppp

CHASSE DE HAYDN

Nº 116.

Soprano.

Contralto.

Tenor.

Basse.

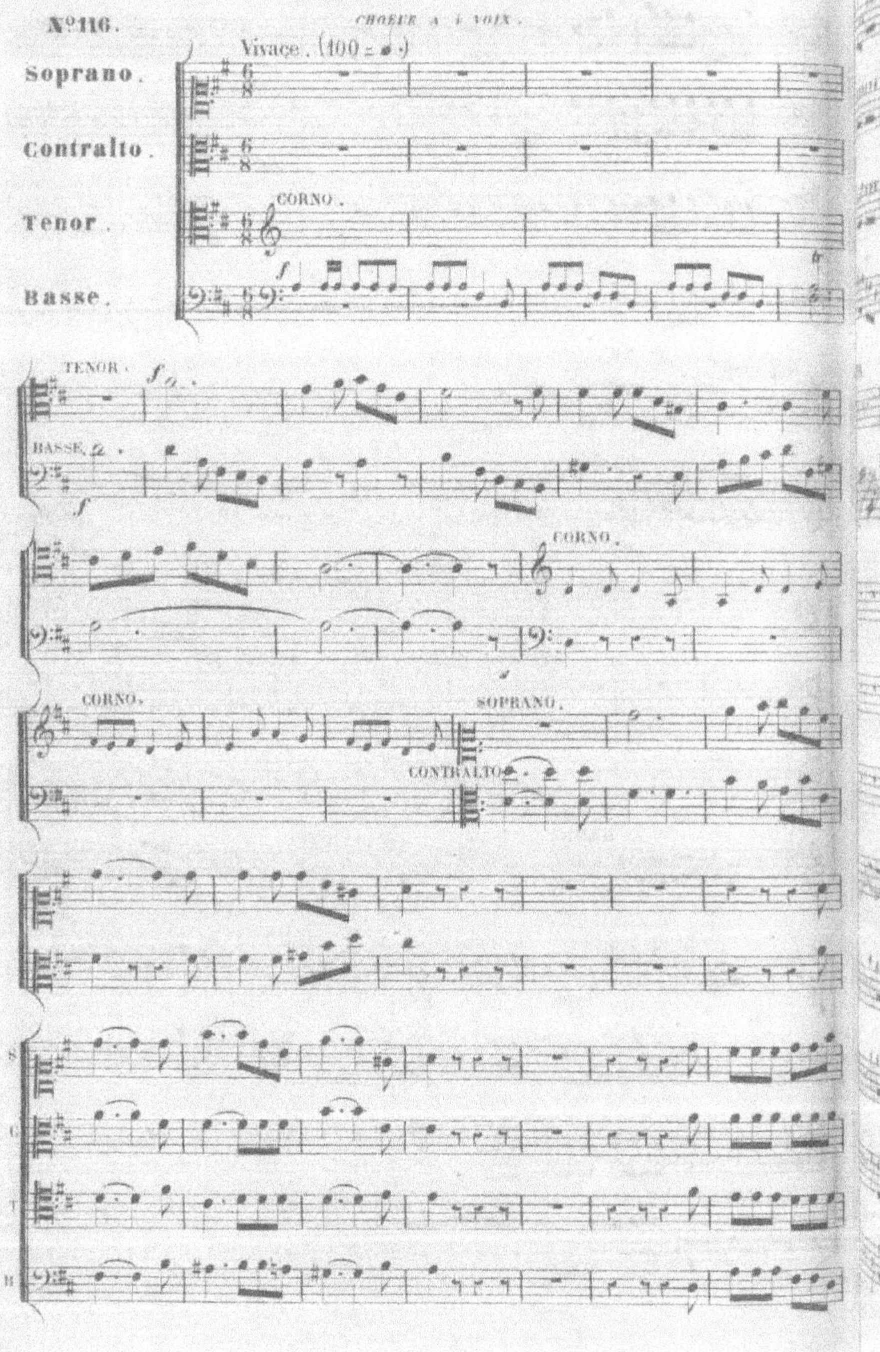

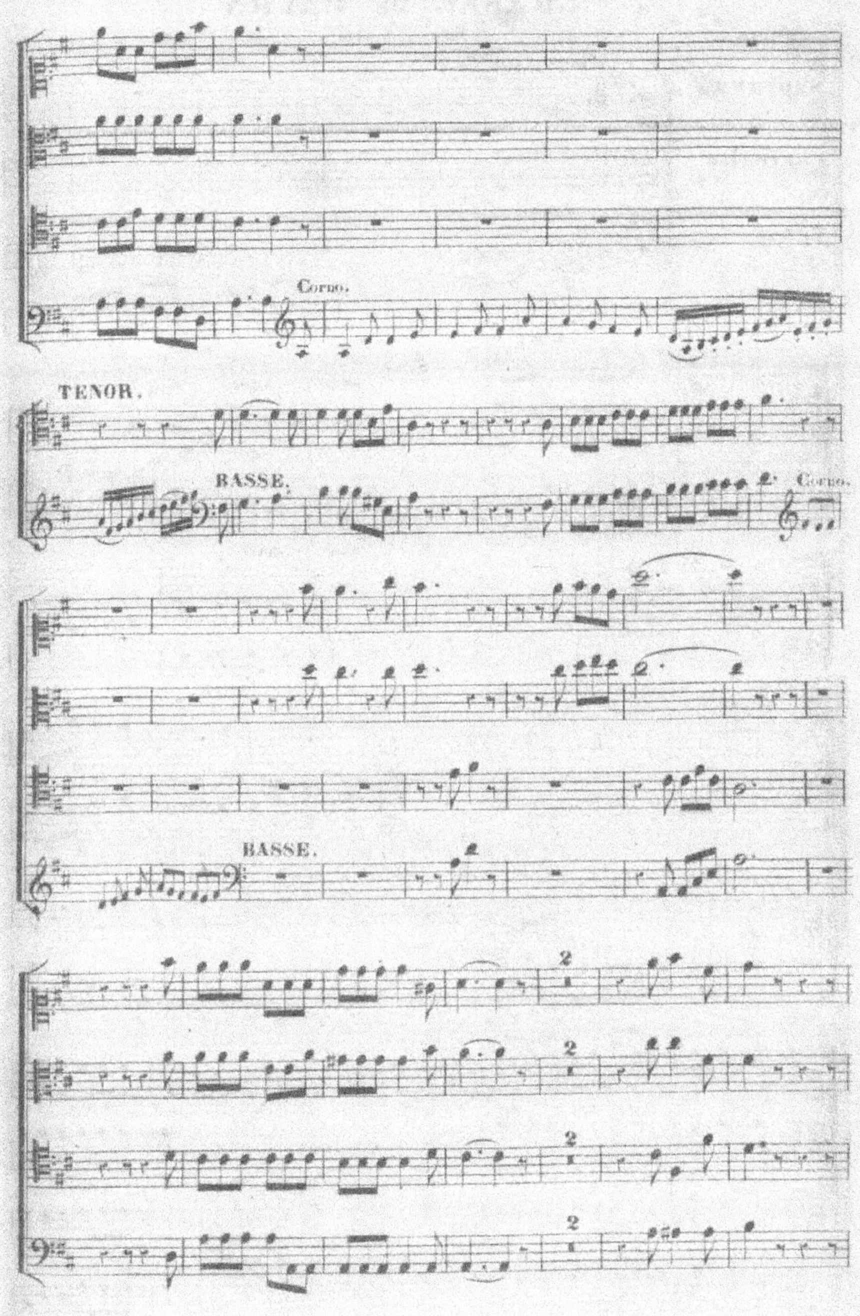
Corno.
TENOR.
BASSE.
Corno.
BASSE.

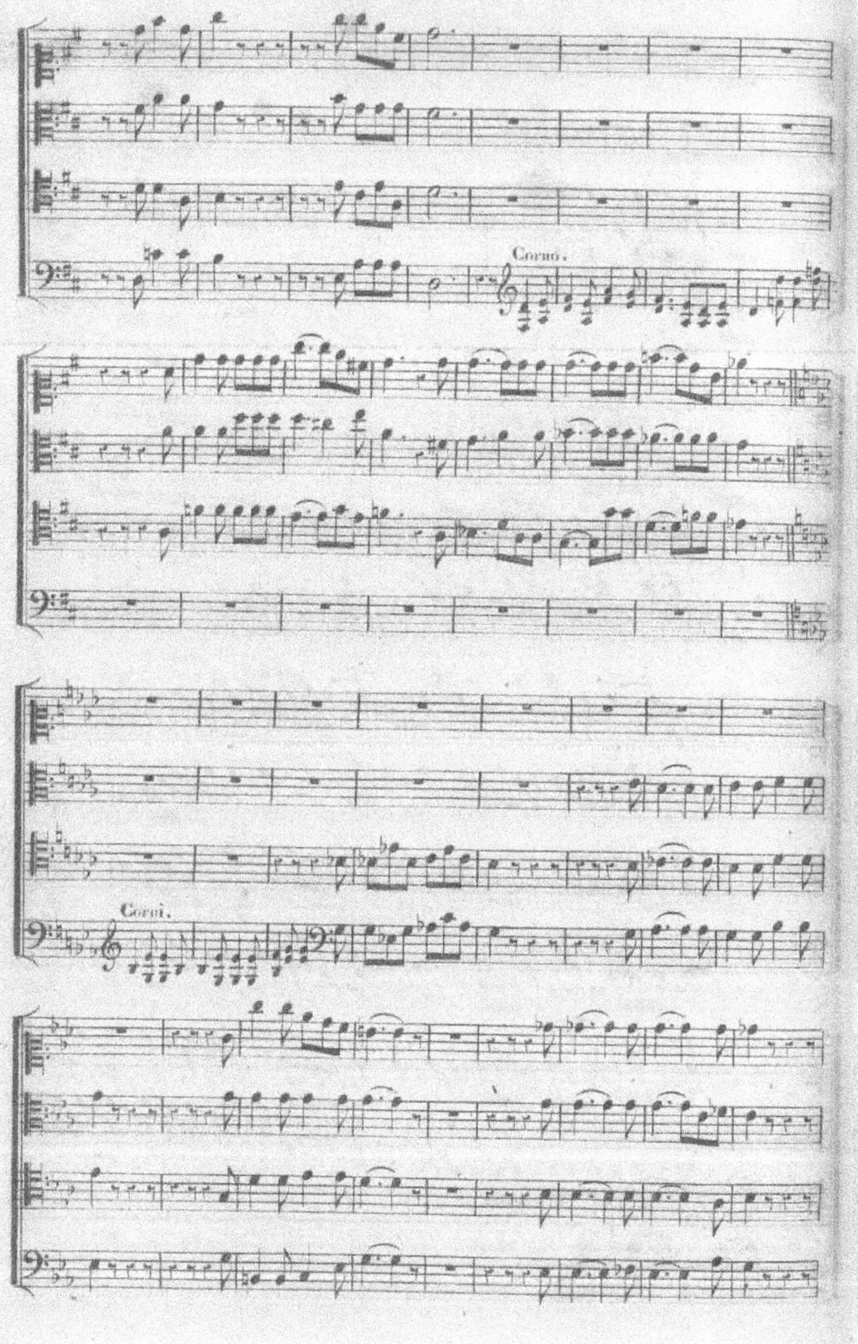
Corni.
Corni.

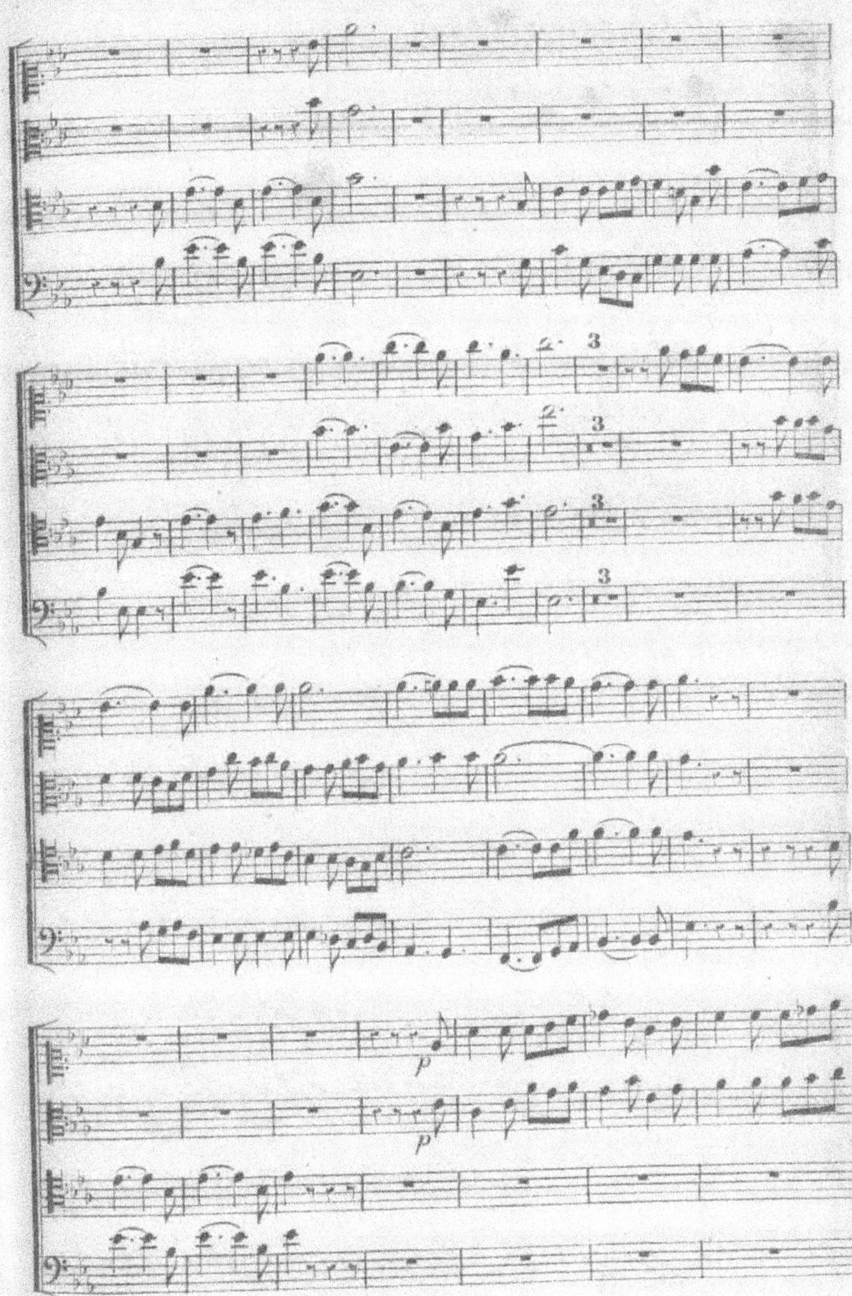

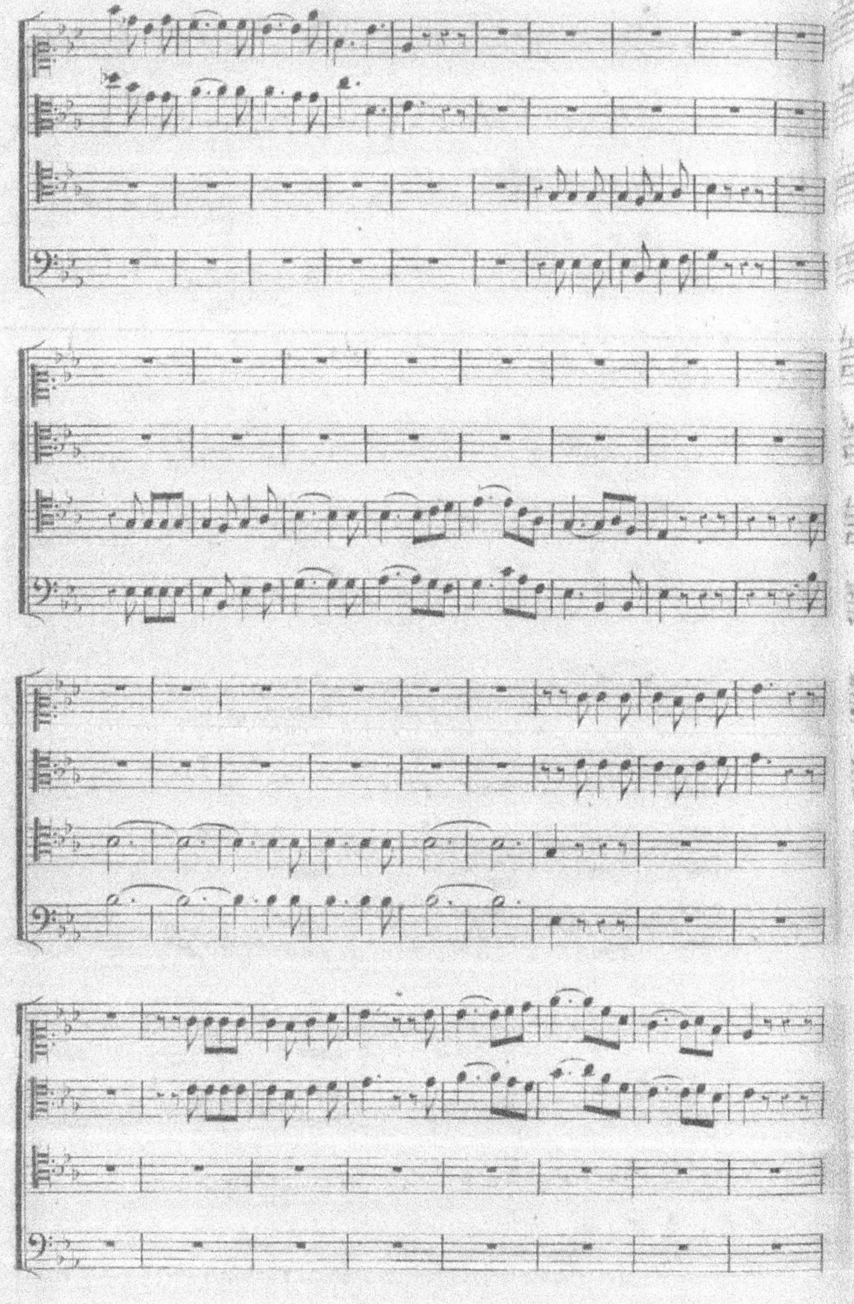

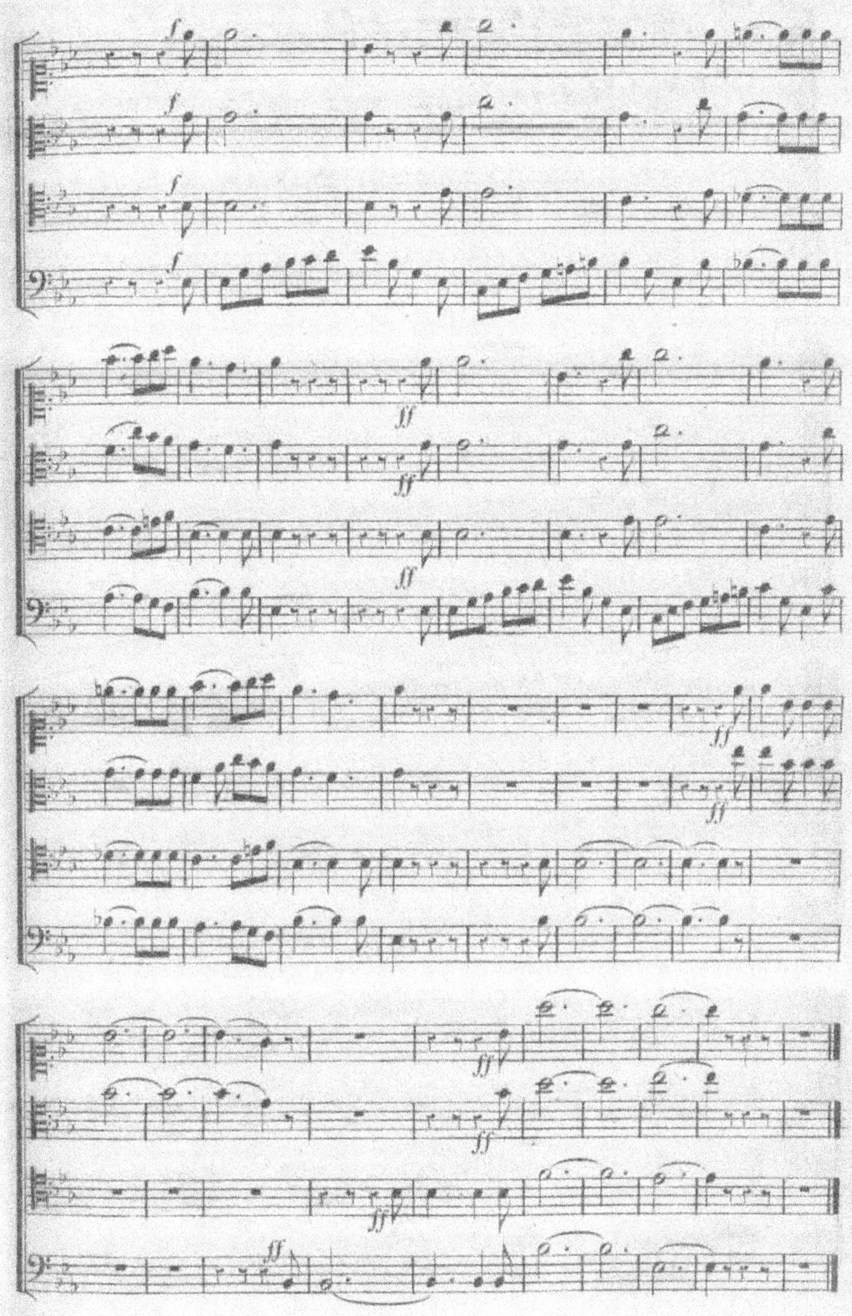

HALEVY POUR LE SOLFÉGE DE SON AMI PANSERON.

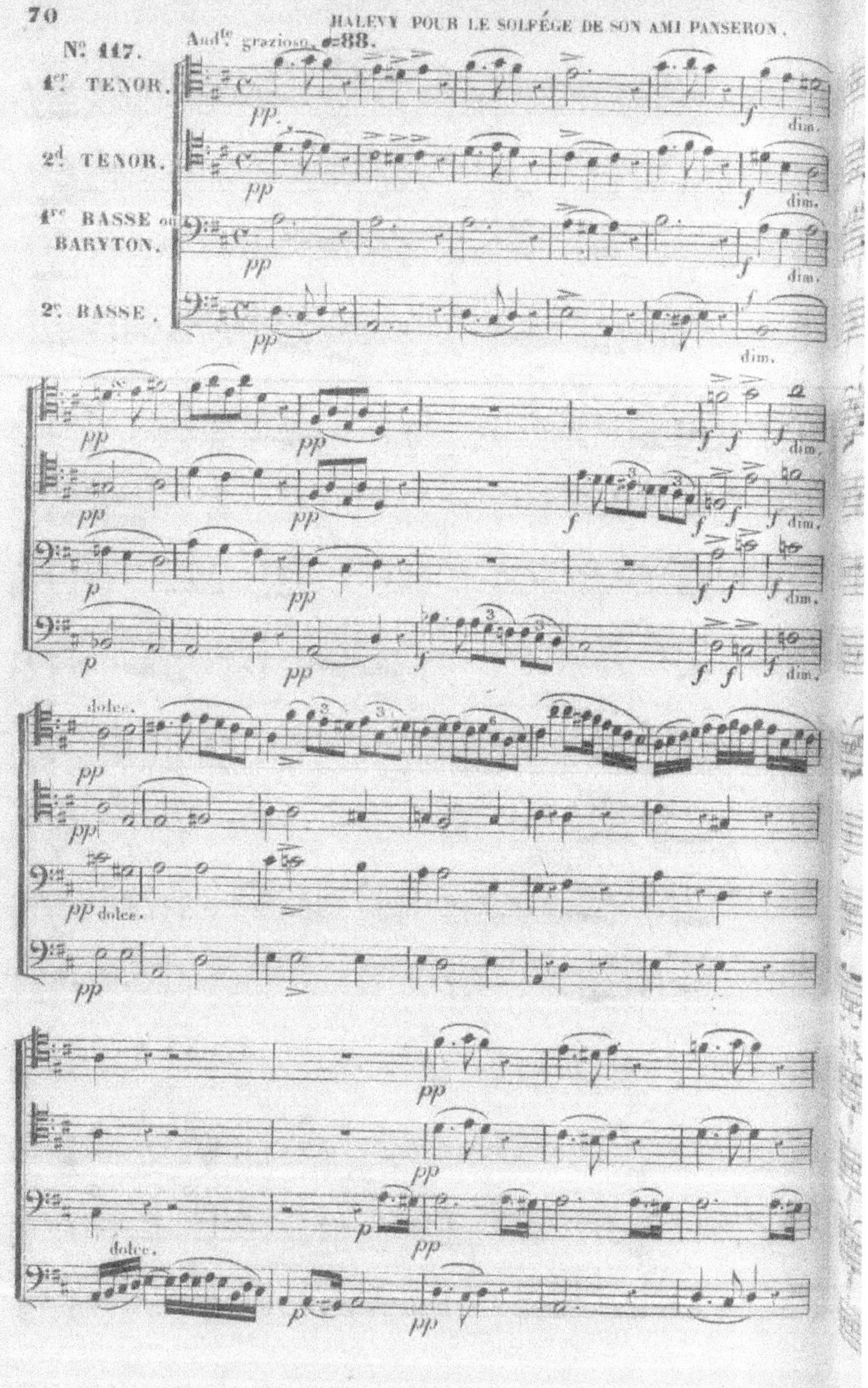

N.º 117.
Andte grazioso. =88.
1er TENOR.
2d TENOR.
1re BASSE ou BARYTON.
2e BASSE.
pp
pp
pp
pp
f
f
f
dim.
dim.
dim.
dolce.
dolce.
dolce.

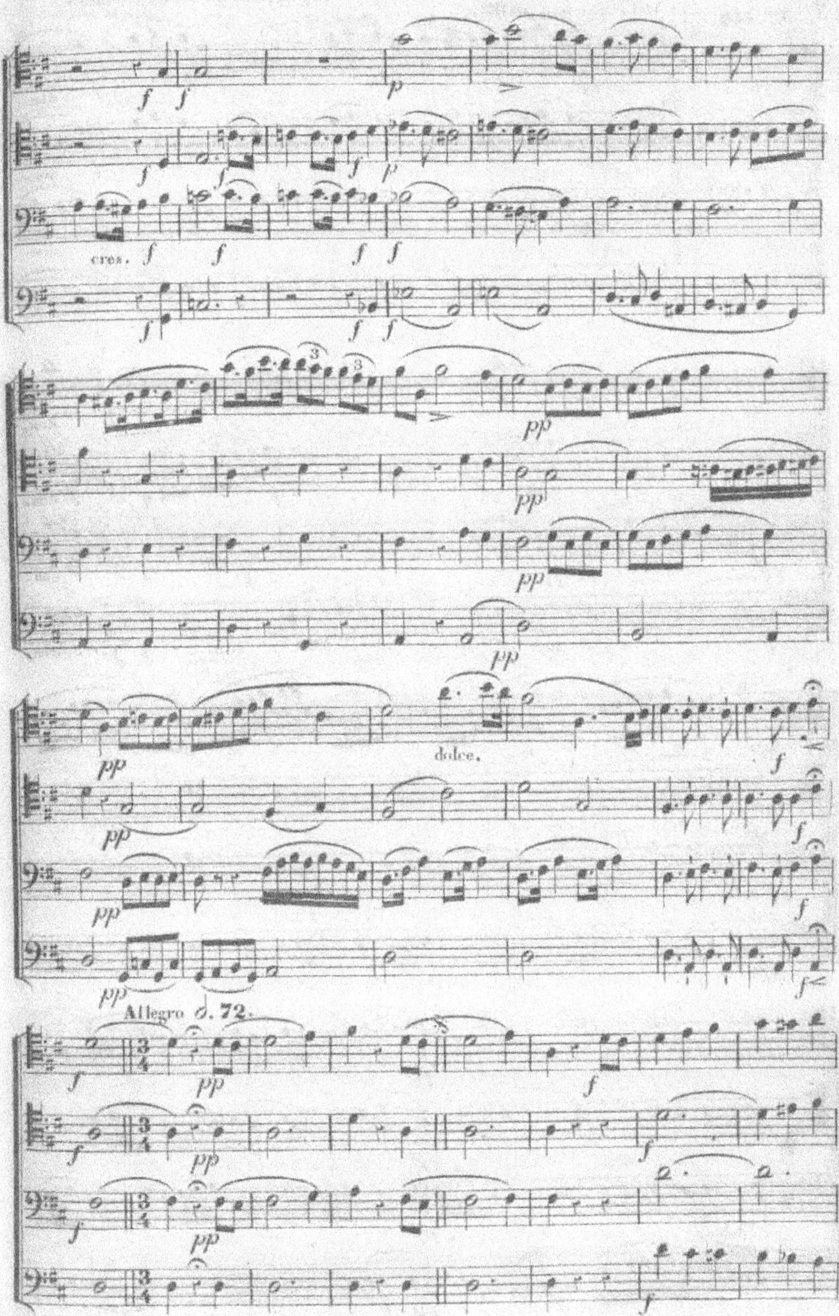

cres. f f f f
p
f f f f
f f
f f
pp
pp
pp
pp
dolce.
pp
pp
pp
f
f
f
f
Allegro ♩. 72.
f
pp
f
pp
f
pp
f

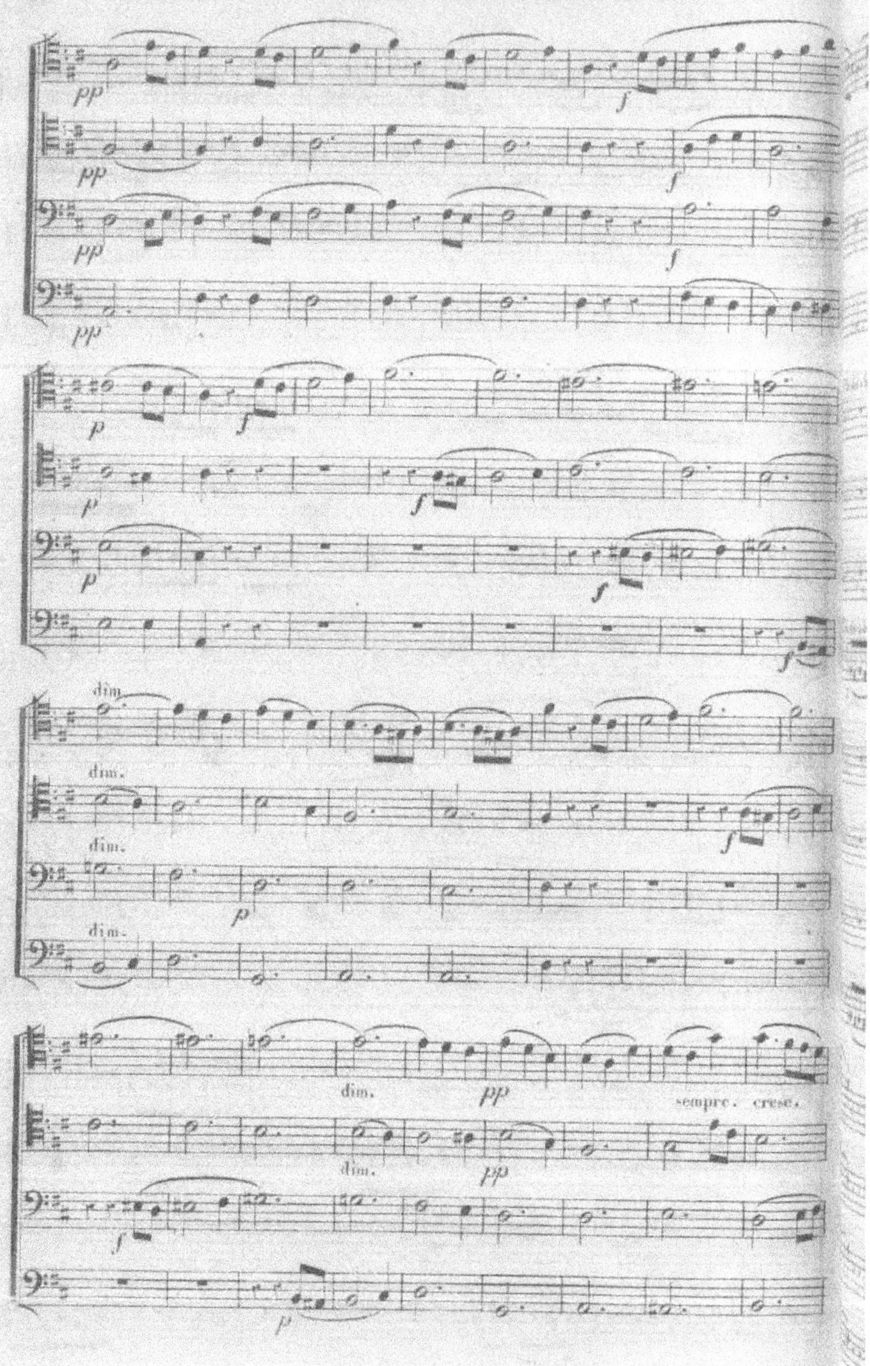
pp
pp
pp
pp
f
f
f
p
p
p
f
f
f
dim.
dim.
dim.
dim.
p
f
dim.
pp
sempre cresc.
dim.
pp
f
p

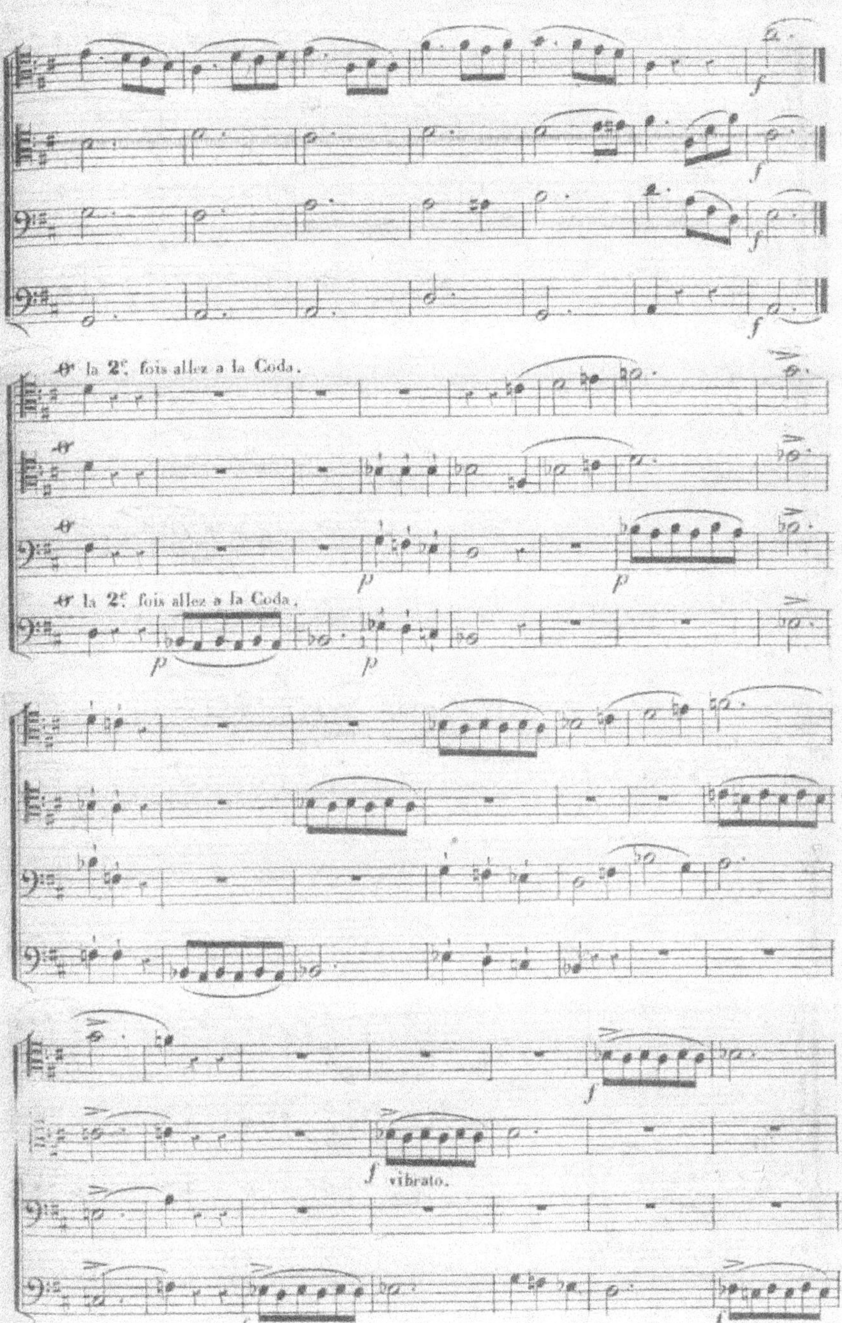
73
la 2e. fois allez a la Coda.
la 2e. fois allez a la Coda.
f vibrato.
f vibrato.

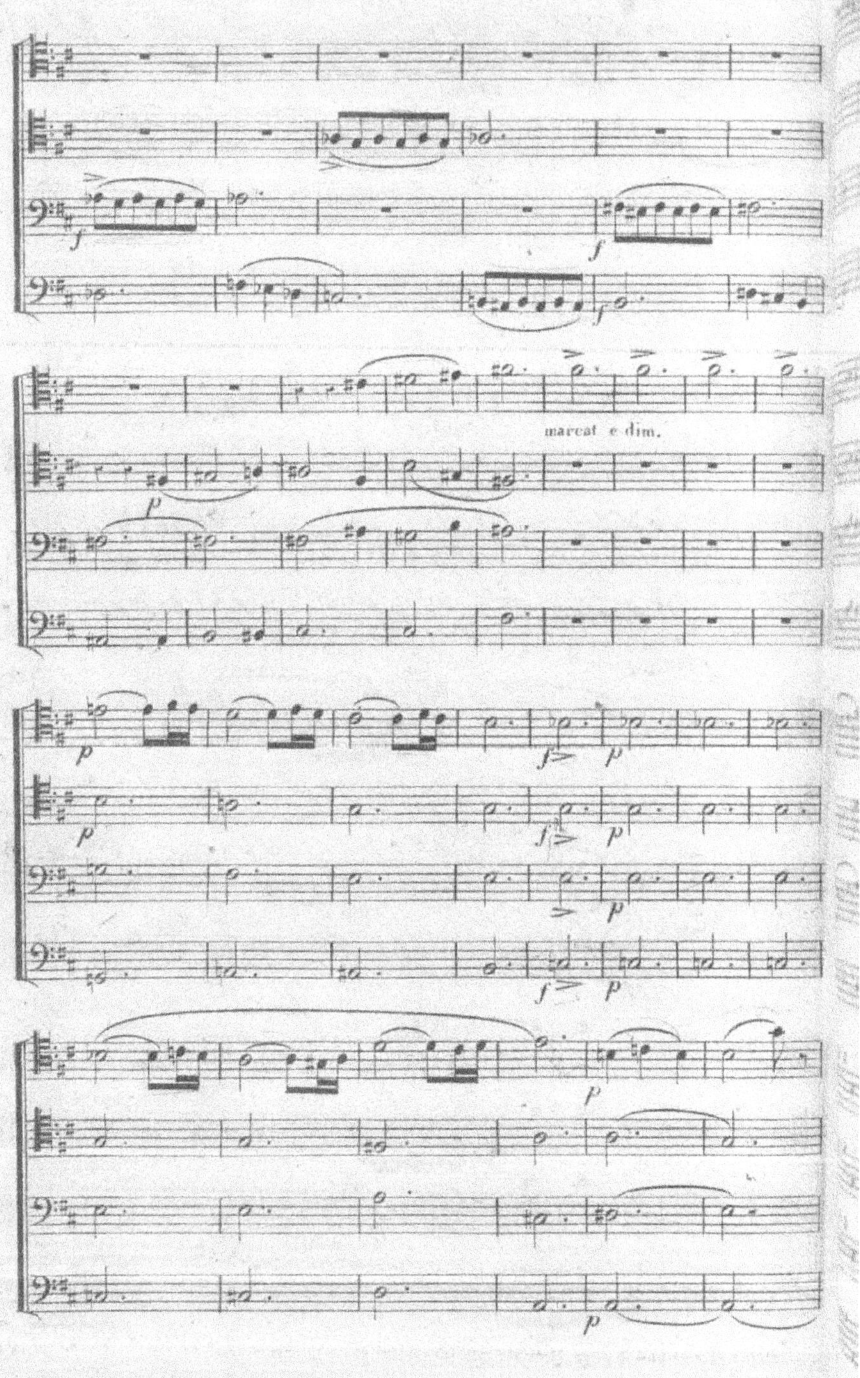
marcat e dim.
f
f
f
p
p
p
p
p
f
p
f
p
f
p
p
p
p

cresc.
cresc.
cresc.
du S au H.
pp
CODA.
du S au H.
pp
CODA.
pp
ff
ff
ff
ff
Retournez au signe S page 71 et al allez jusqu'au H et de là à la Coda.

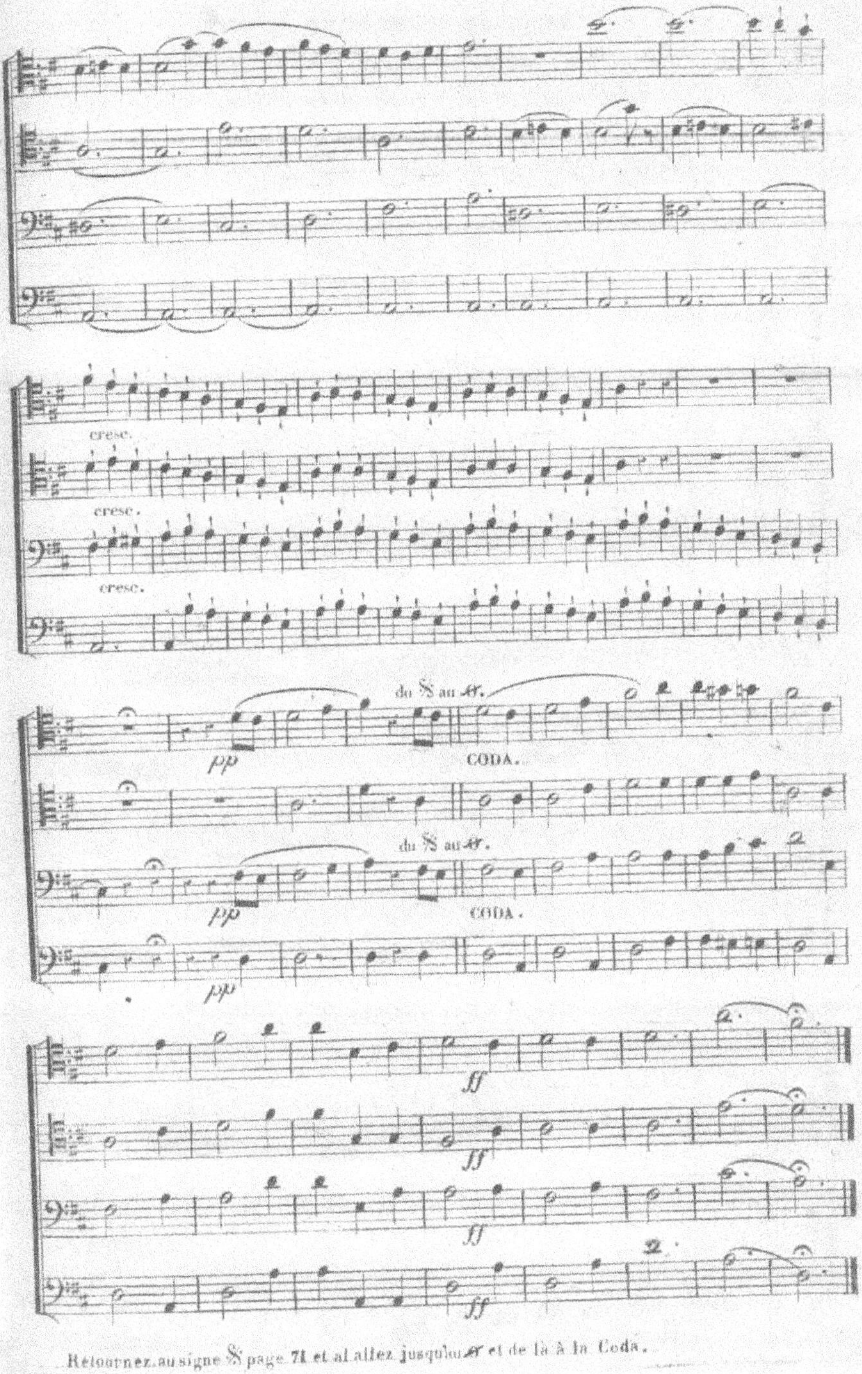

QUATUOR DE ROSSINI.

BIANCA E FALIERO

Pour Soprano Mezzo Soprano Tenor et Basse.

Nᵒ 118. Largo ♩ 92.

PIANO.

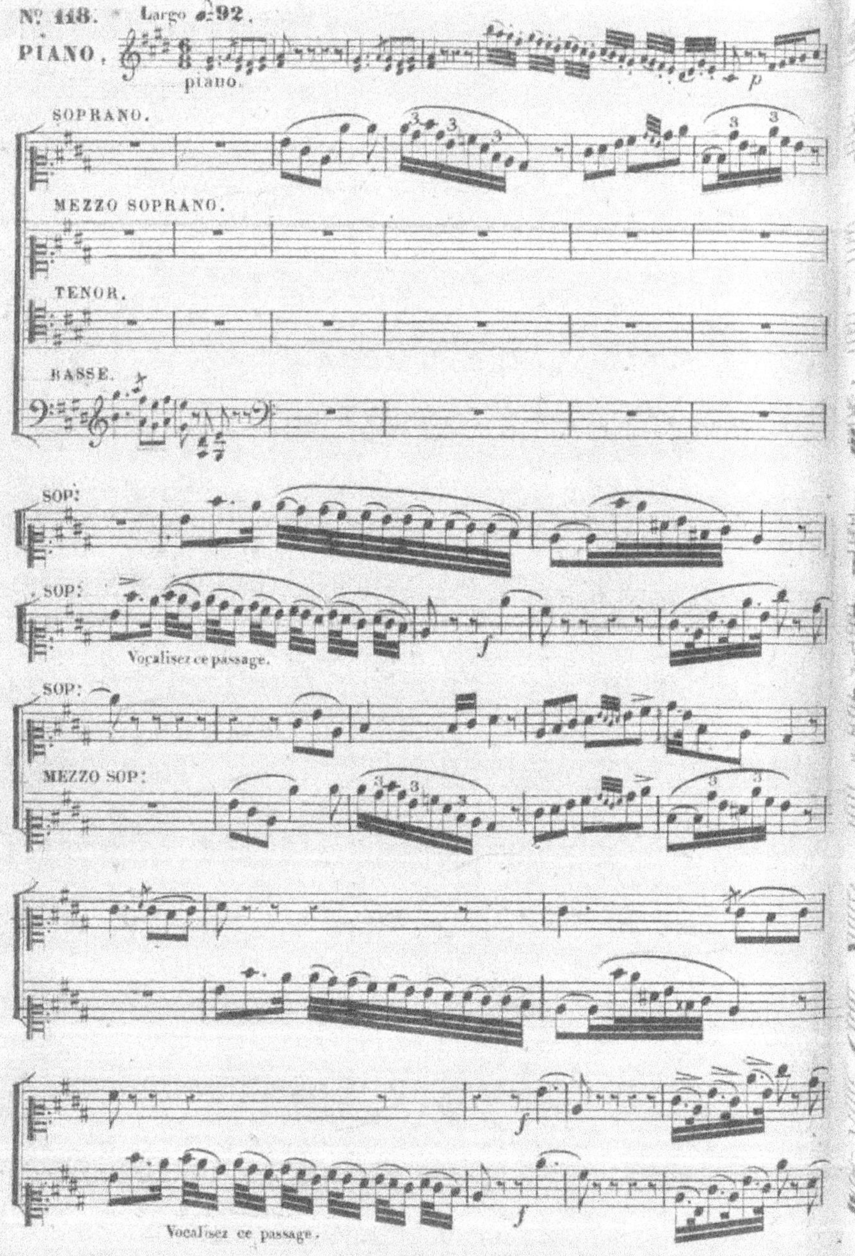

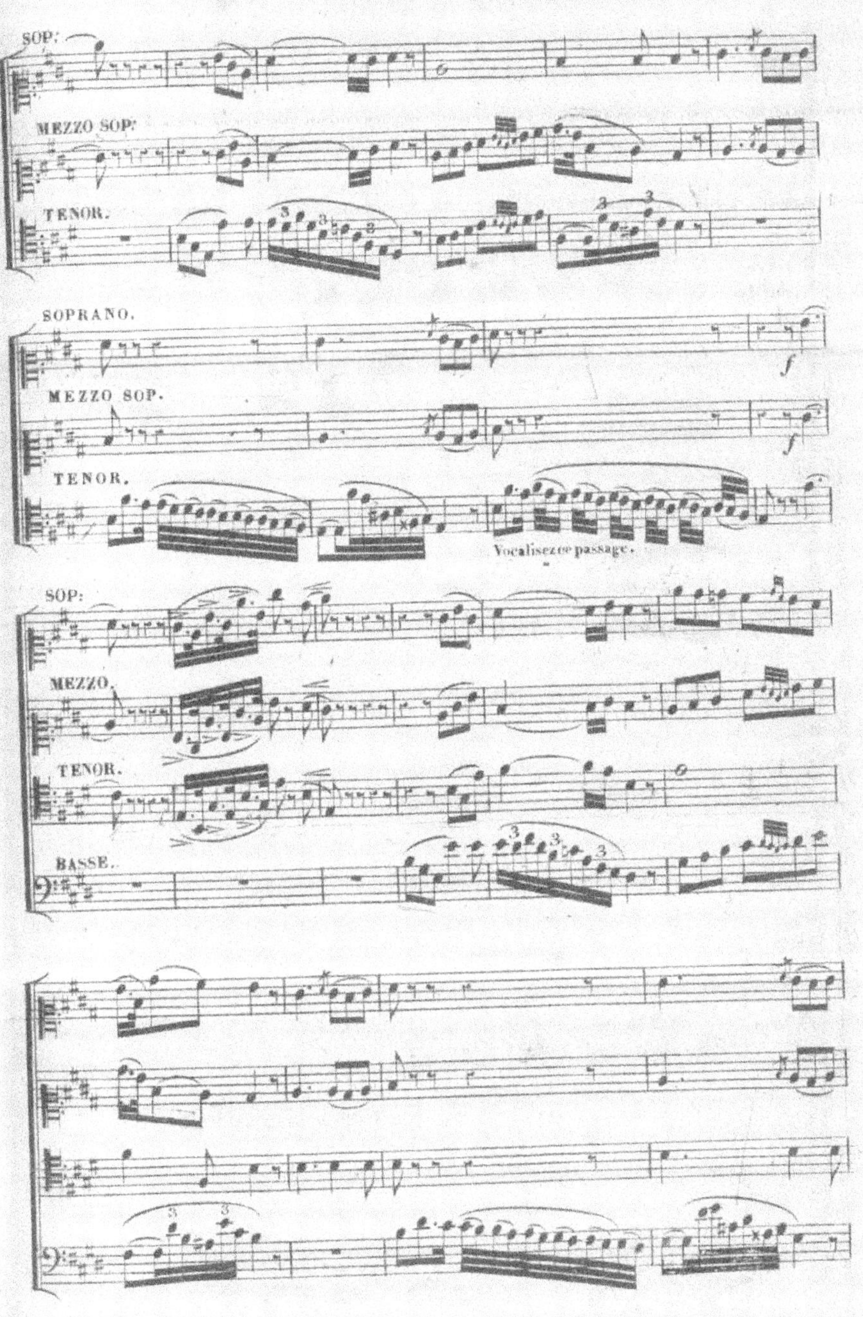

SOP:
MEZZO SOP:
TENOR.
SOPRANO.
MEZZO SOP.
TENOR.
Vocalisez ce passage.
SOP:
MEZZO.
TENOR.
BASSE.

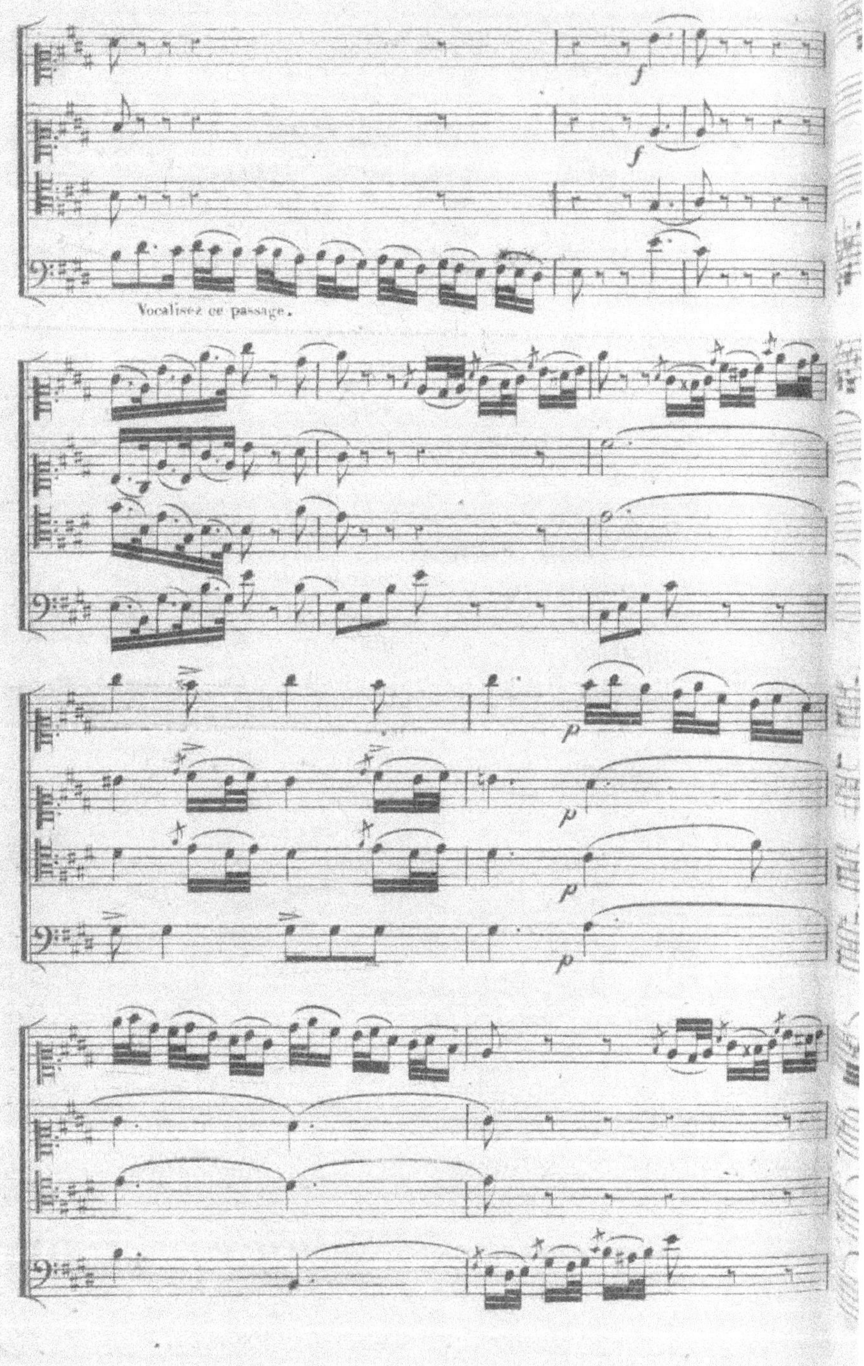
Vocalisez ce passage.

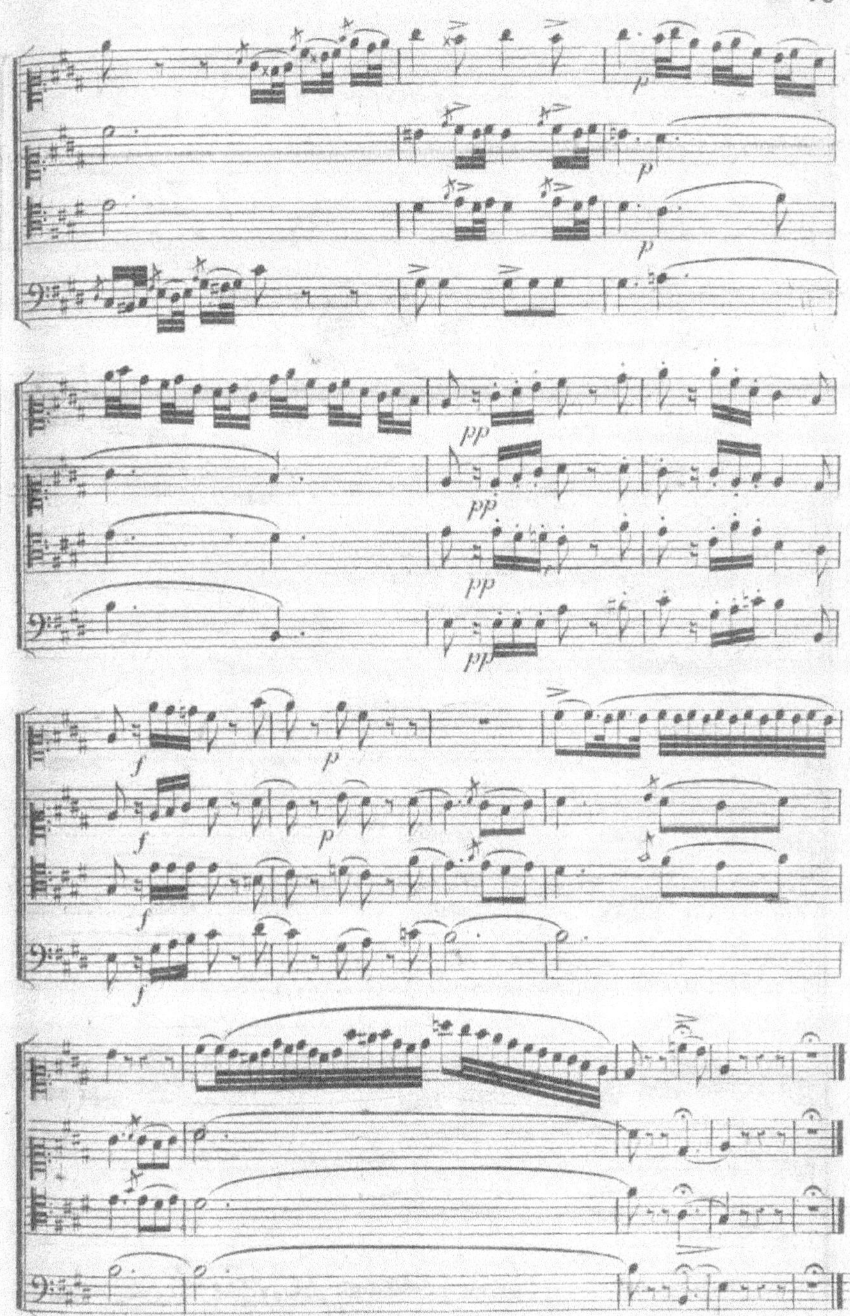

CHŒUR D'ISRAEL EN EGYPTE DE MAENDEL

AND WITH THE BLAST.

Nº. 119.

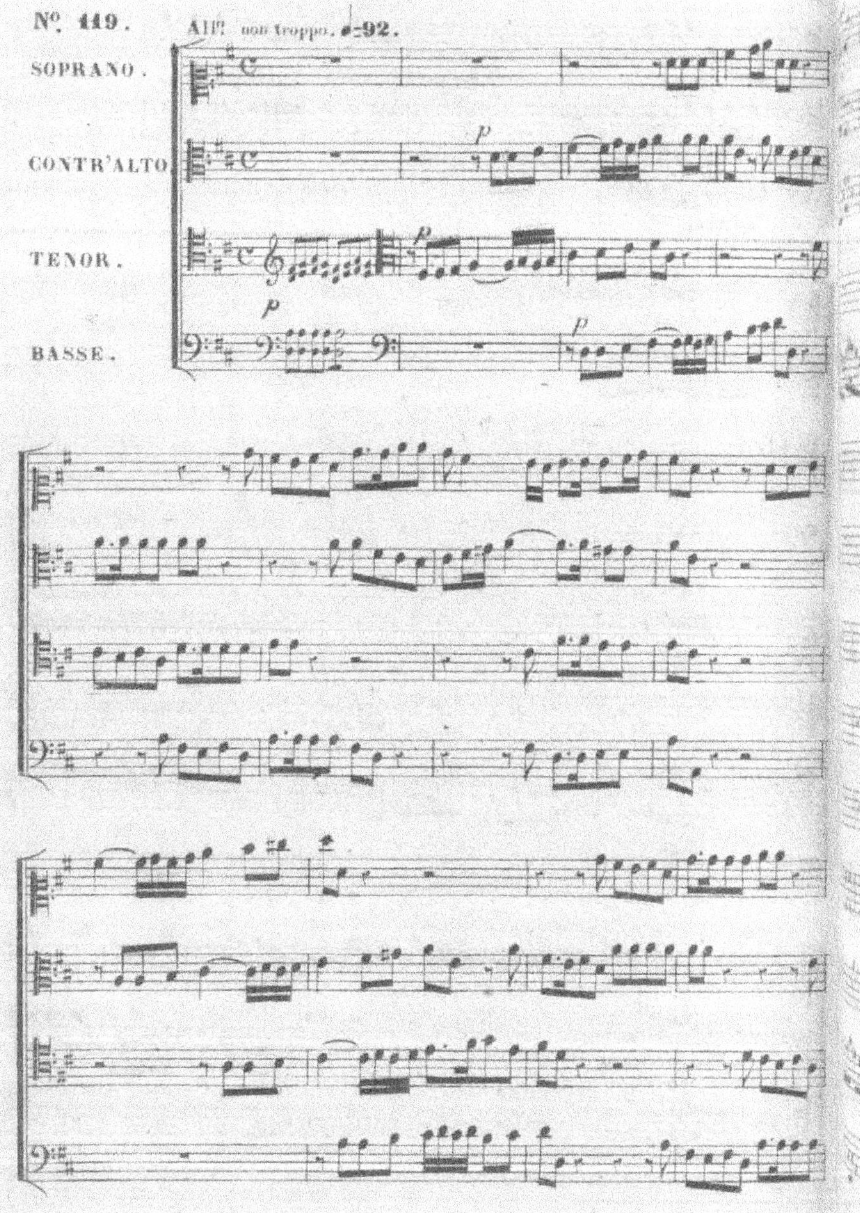

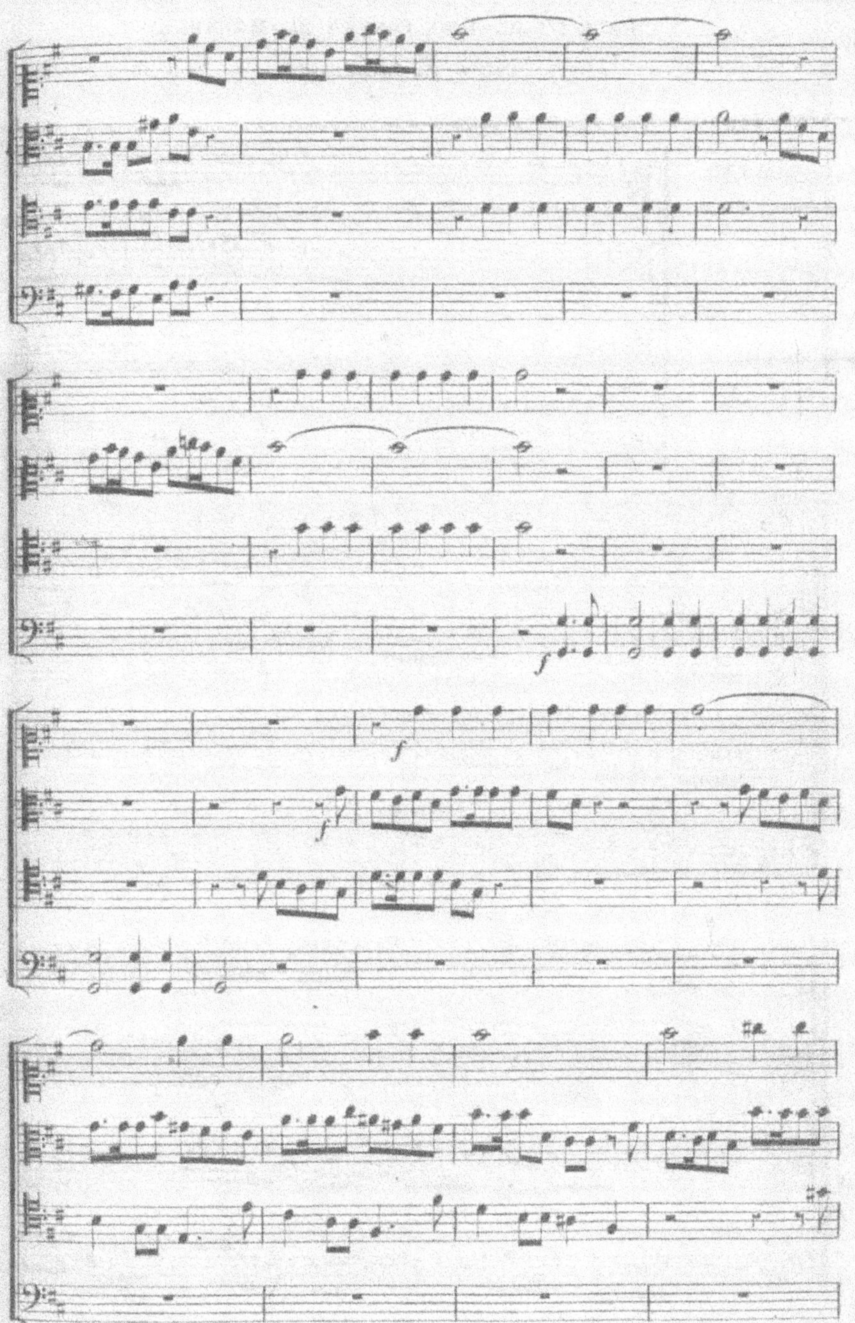

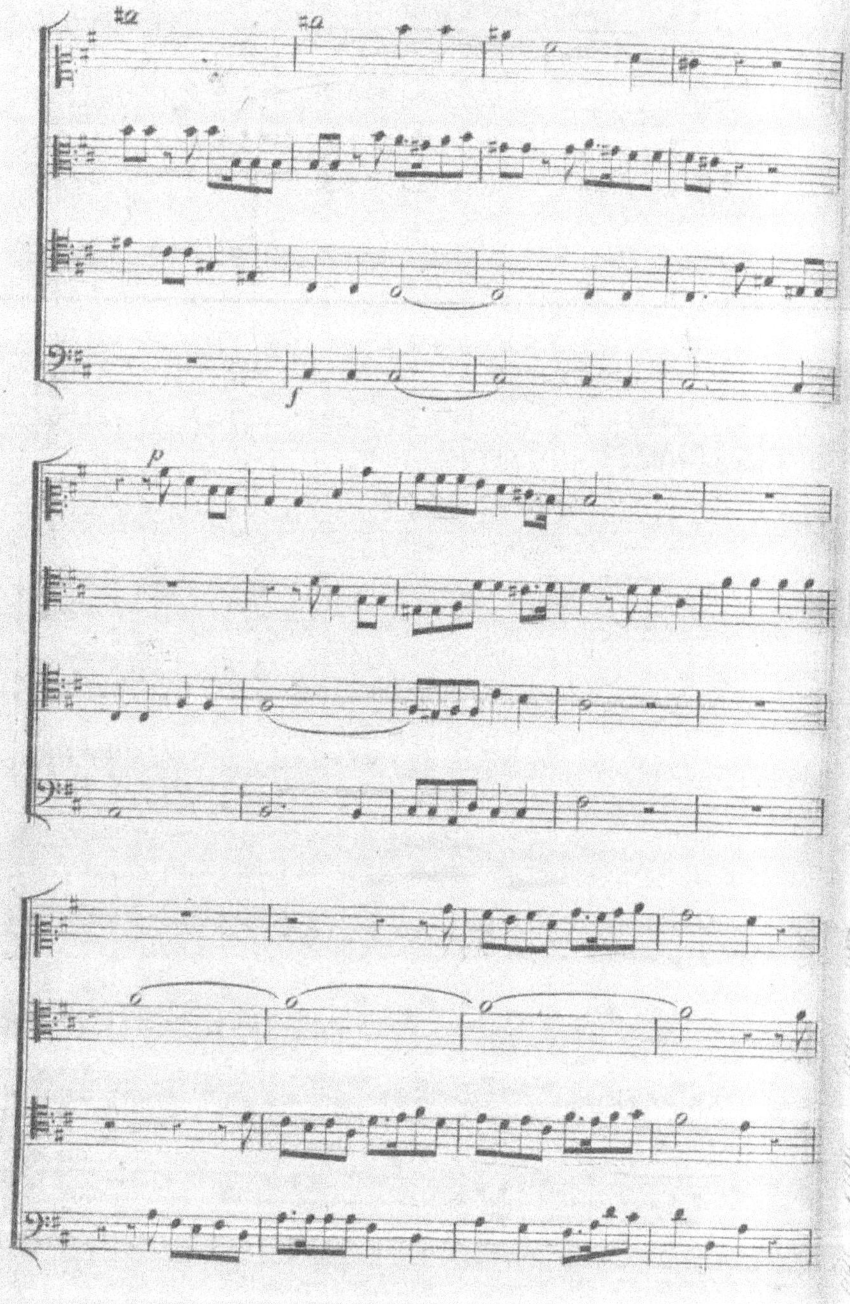

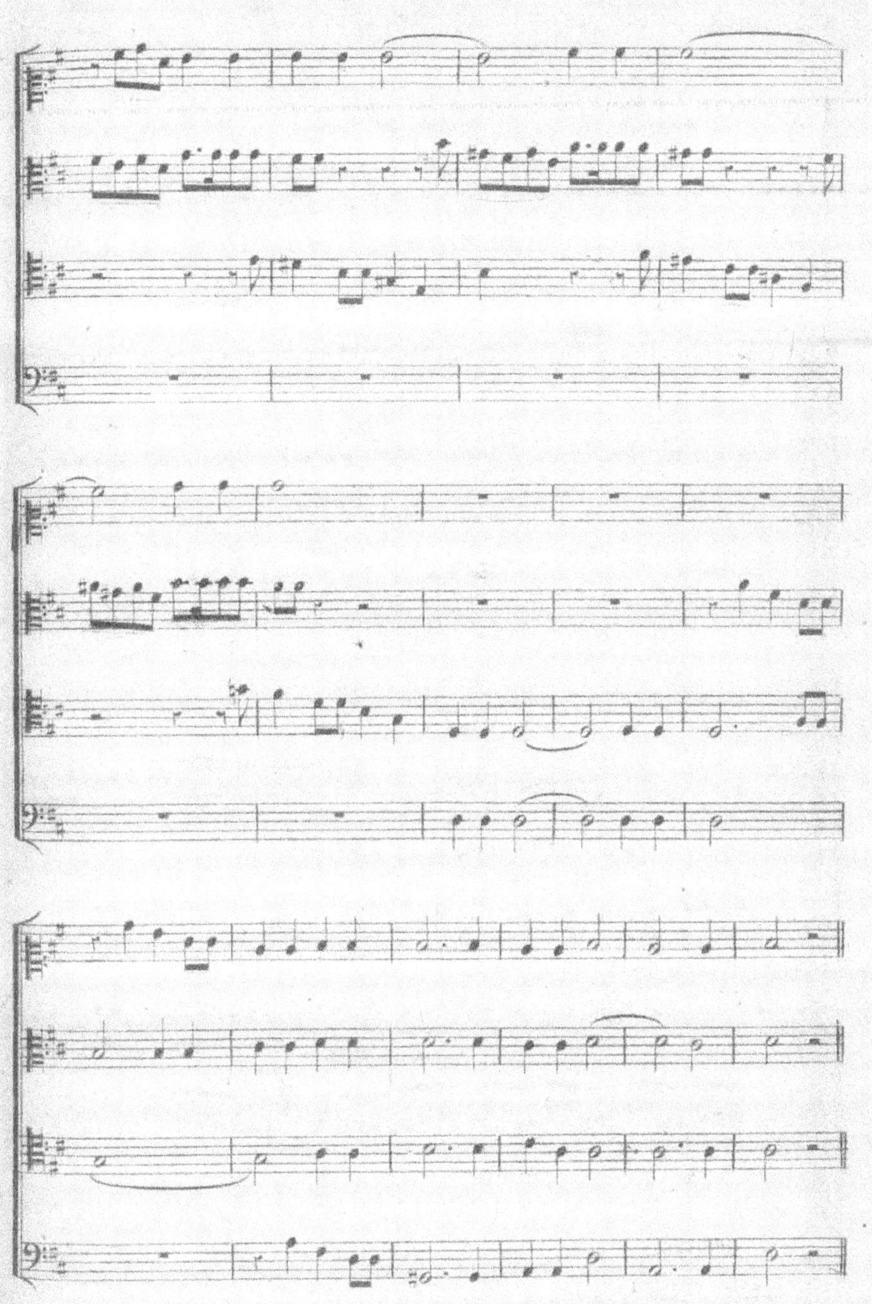

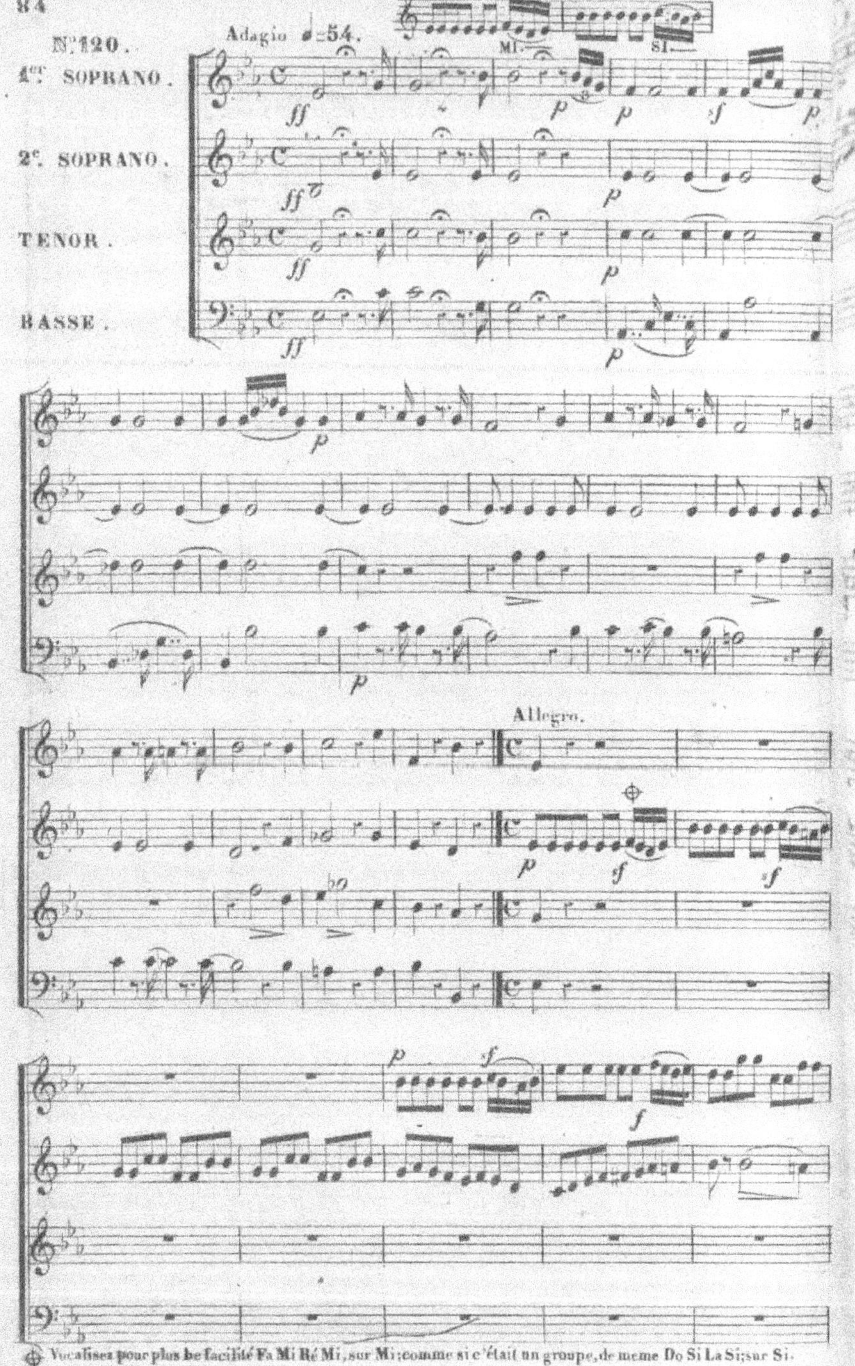

Vocalisez pour plus de facilité Fa Mi Ré Mi, sur Mi; comme si c'était un groupe, de même Do Si La Si; sur Si.

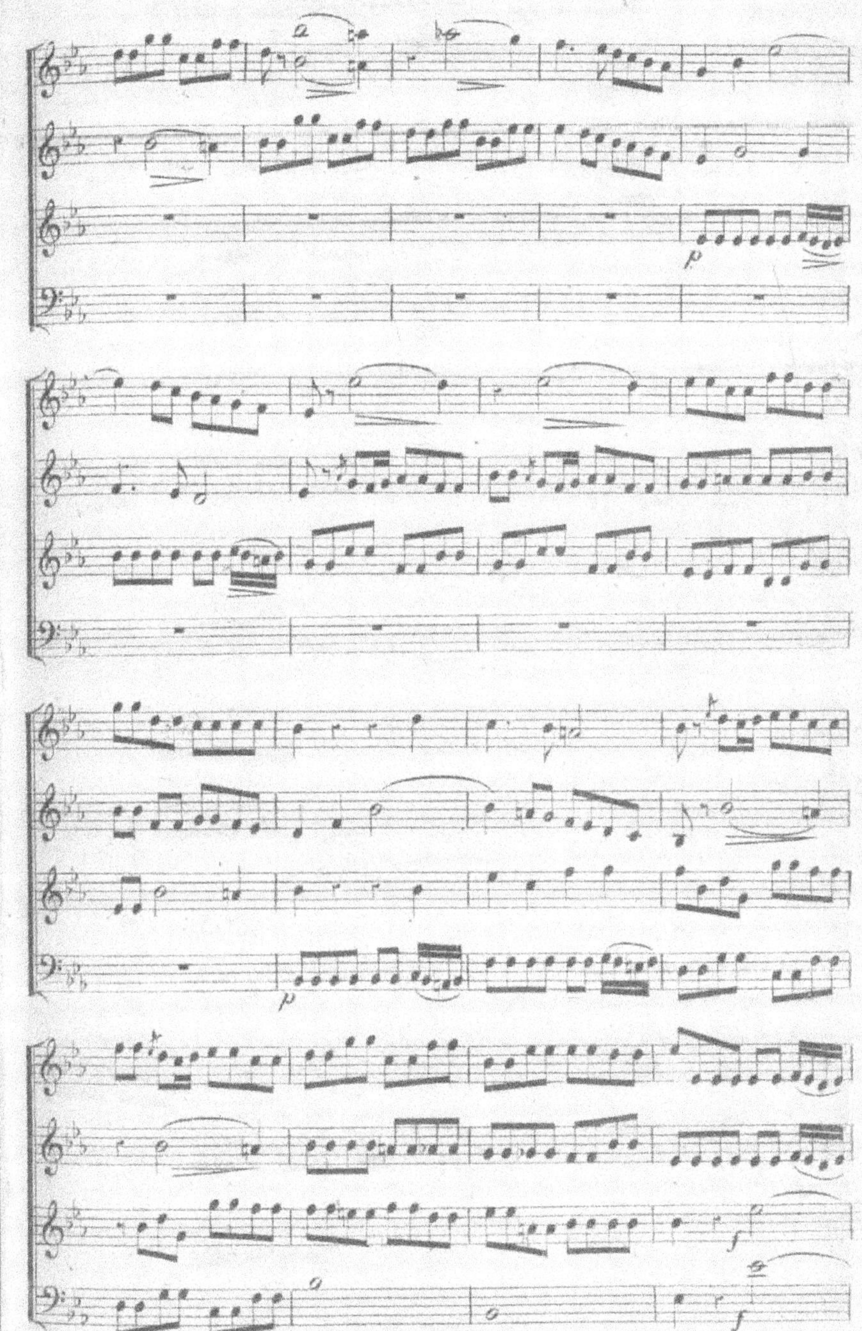

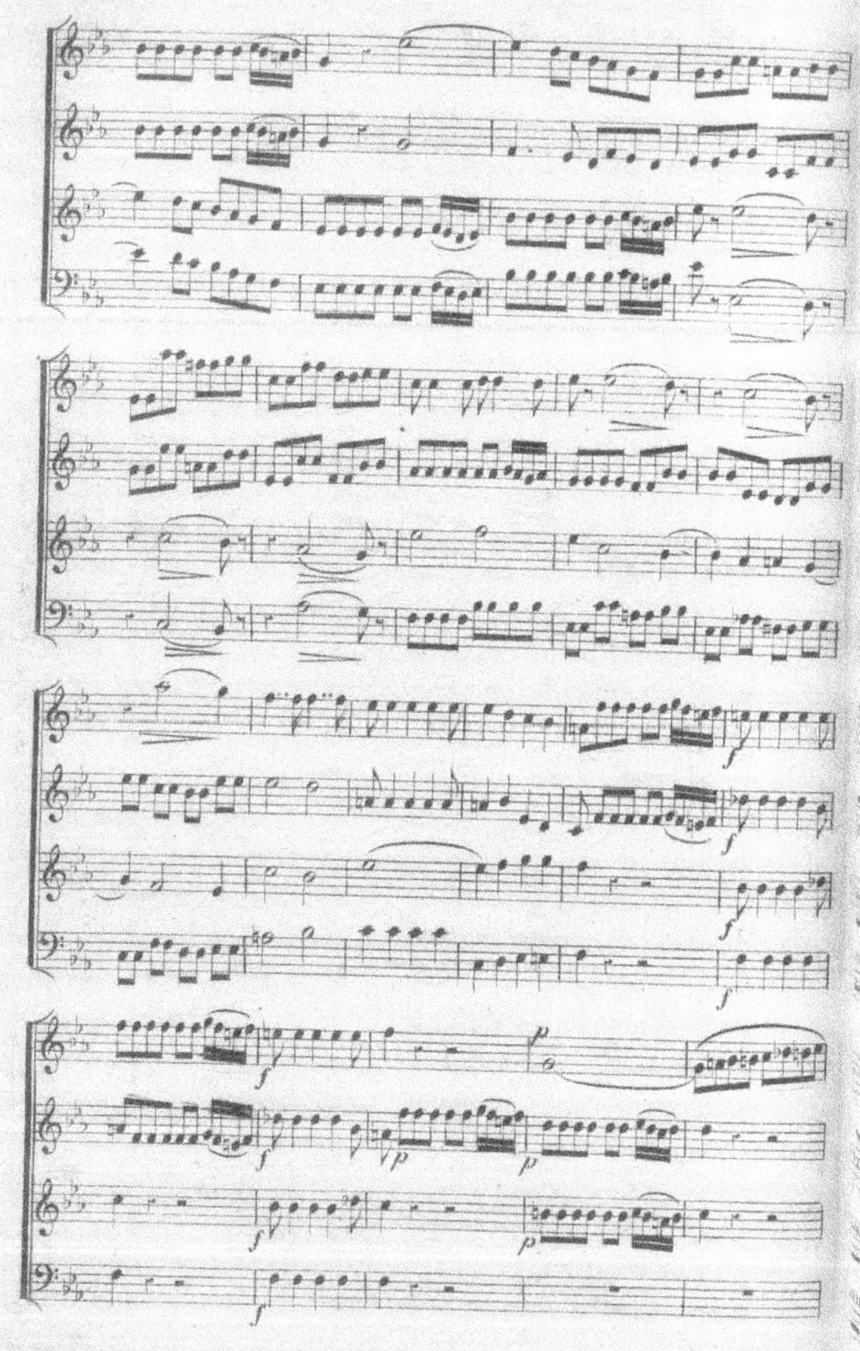

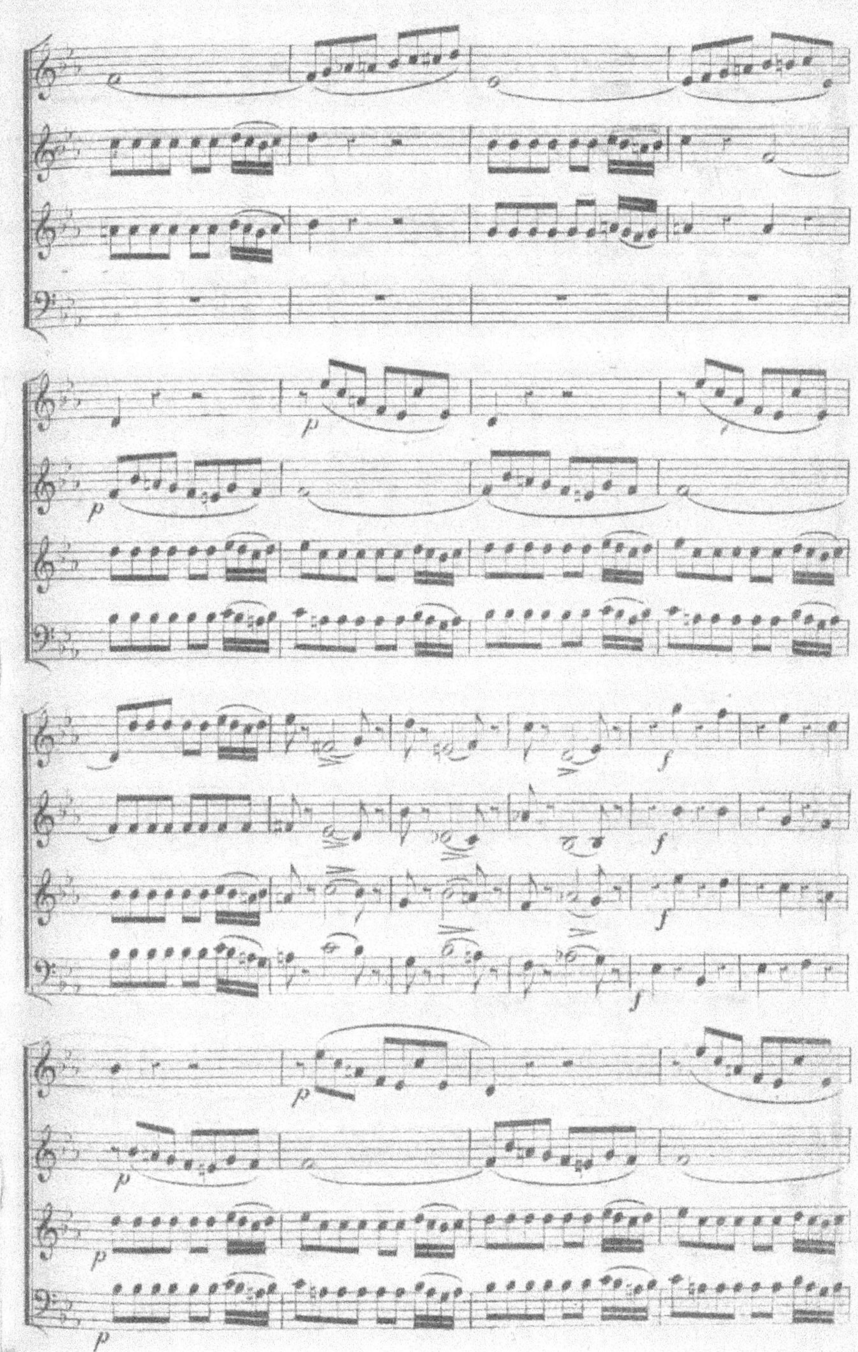

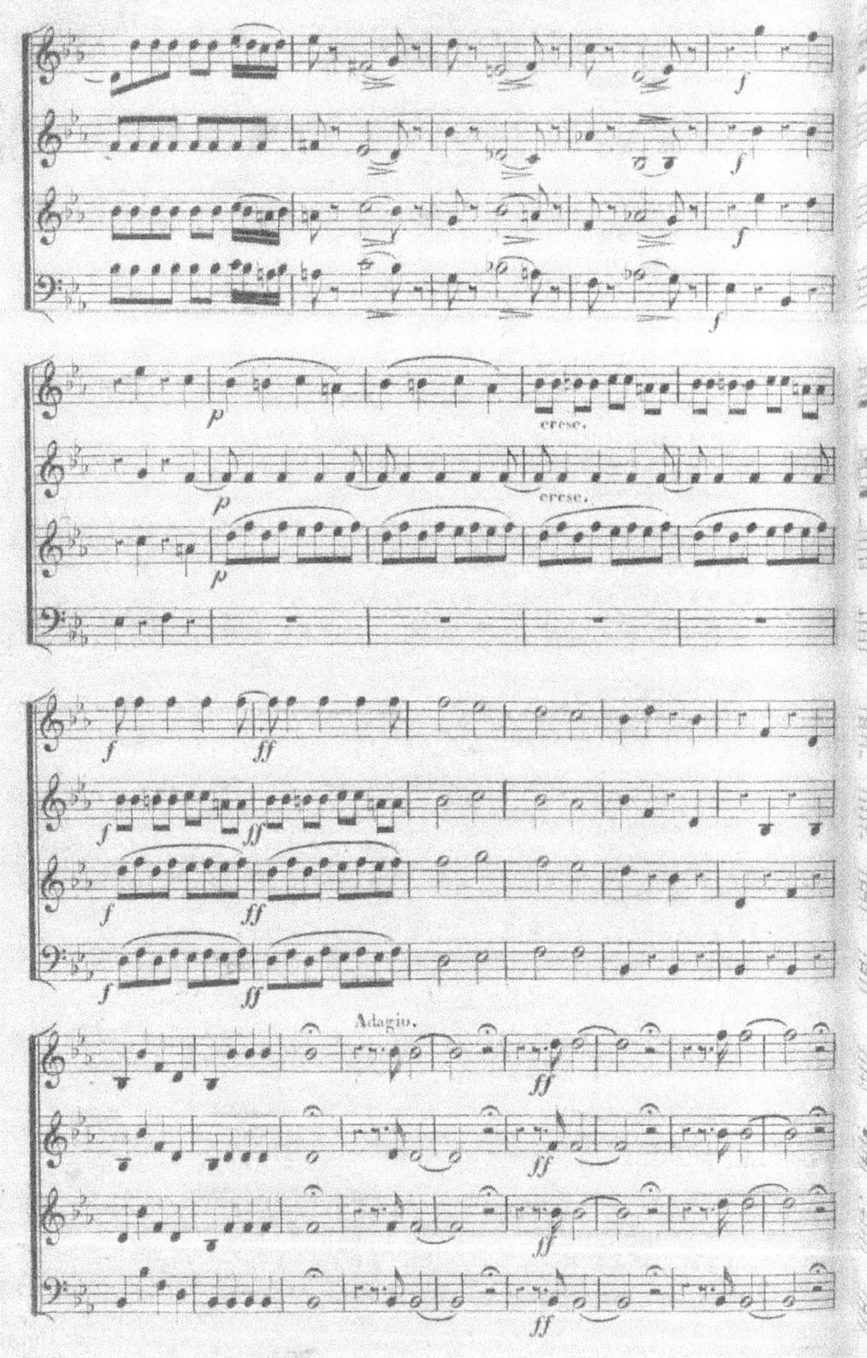
cresc.
cresc.
Adagio.

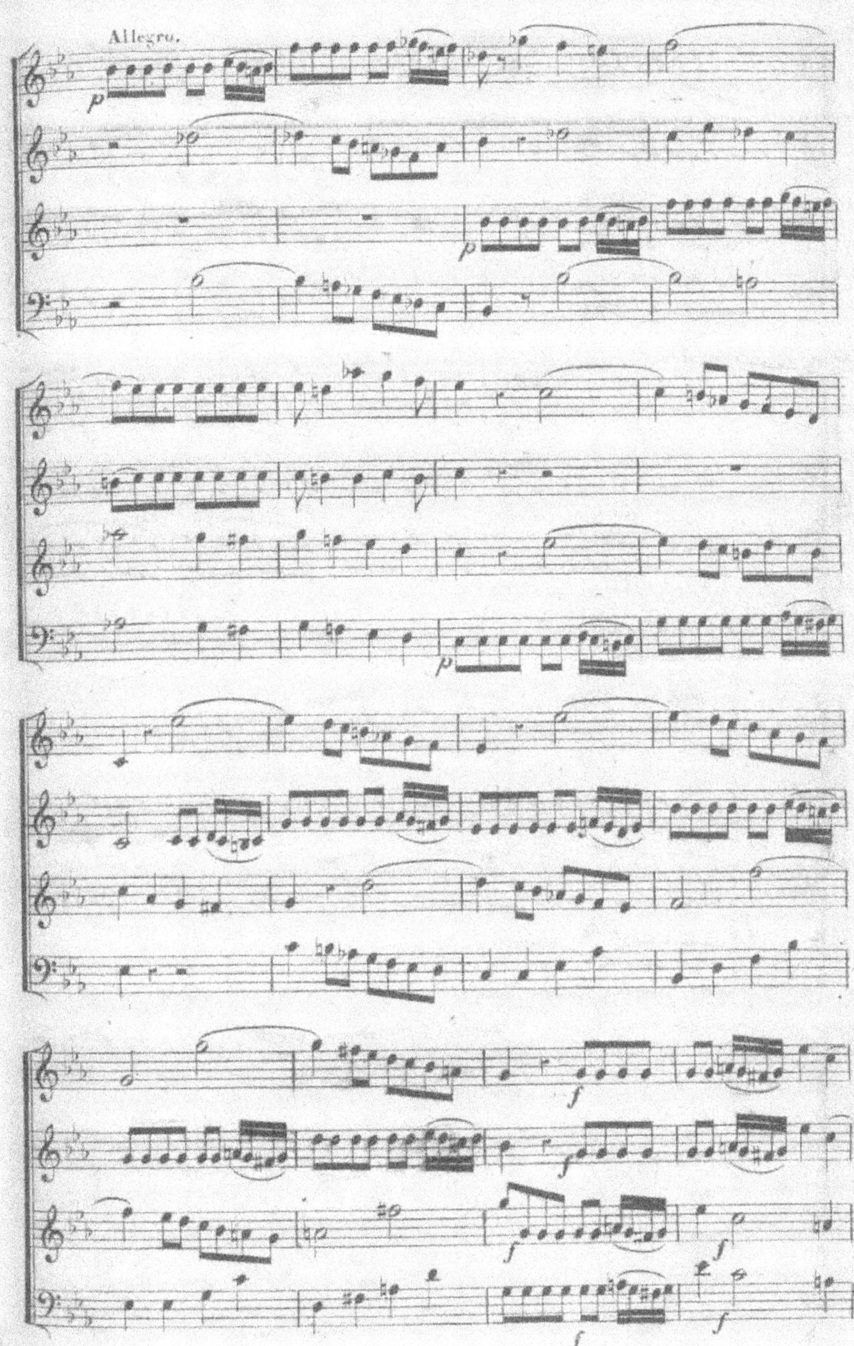
Allegro.

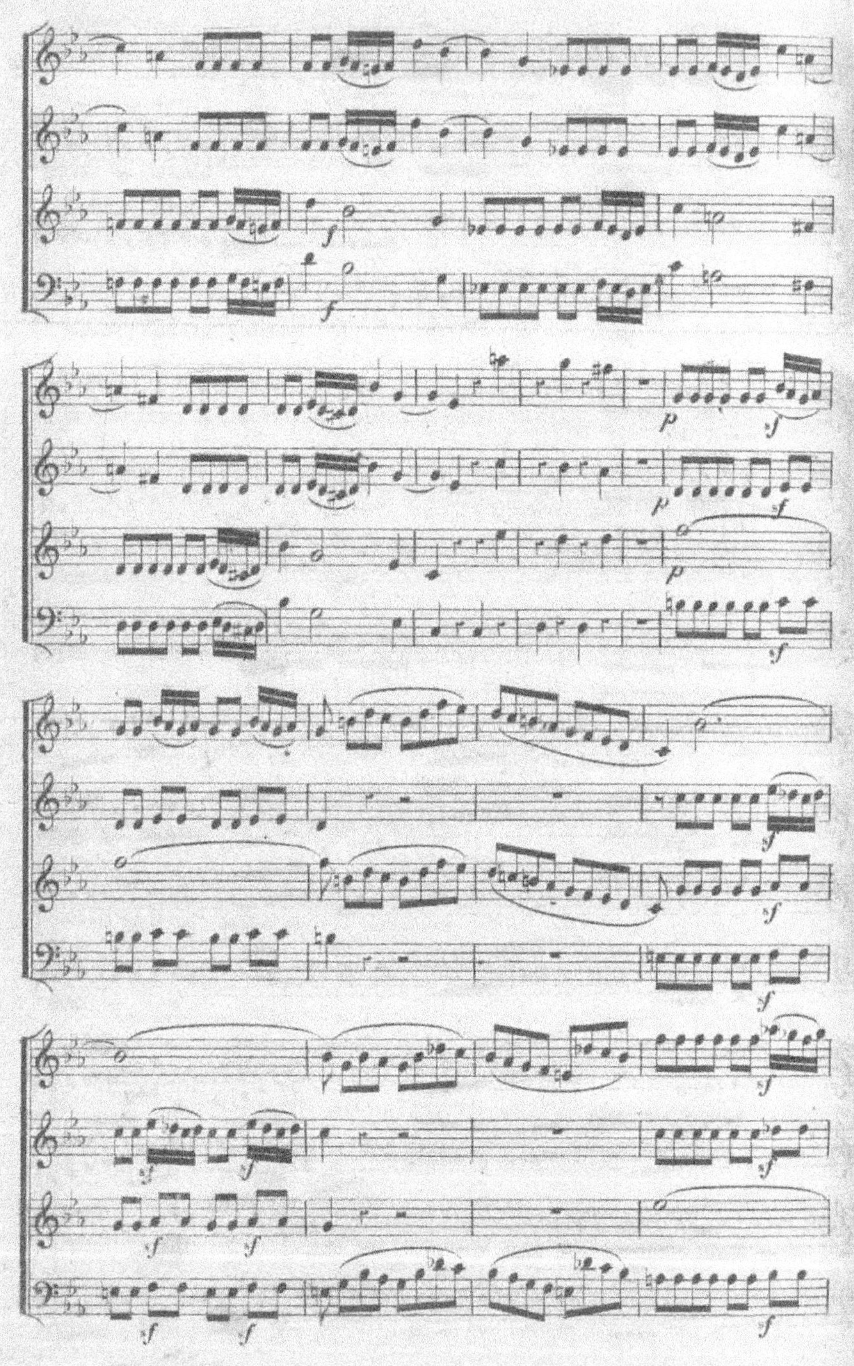

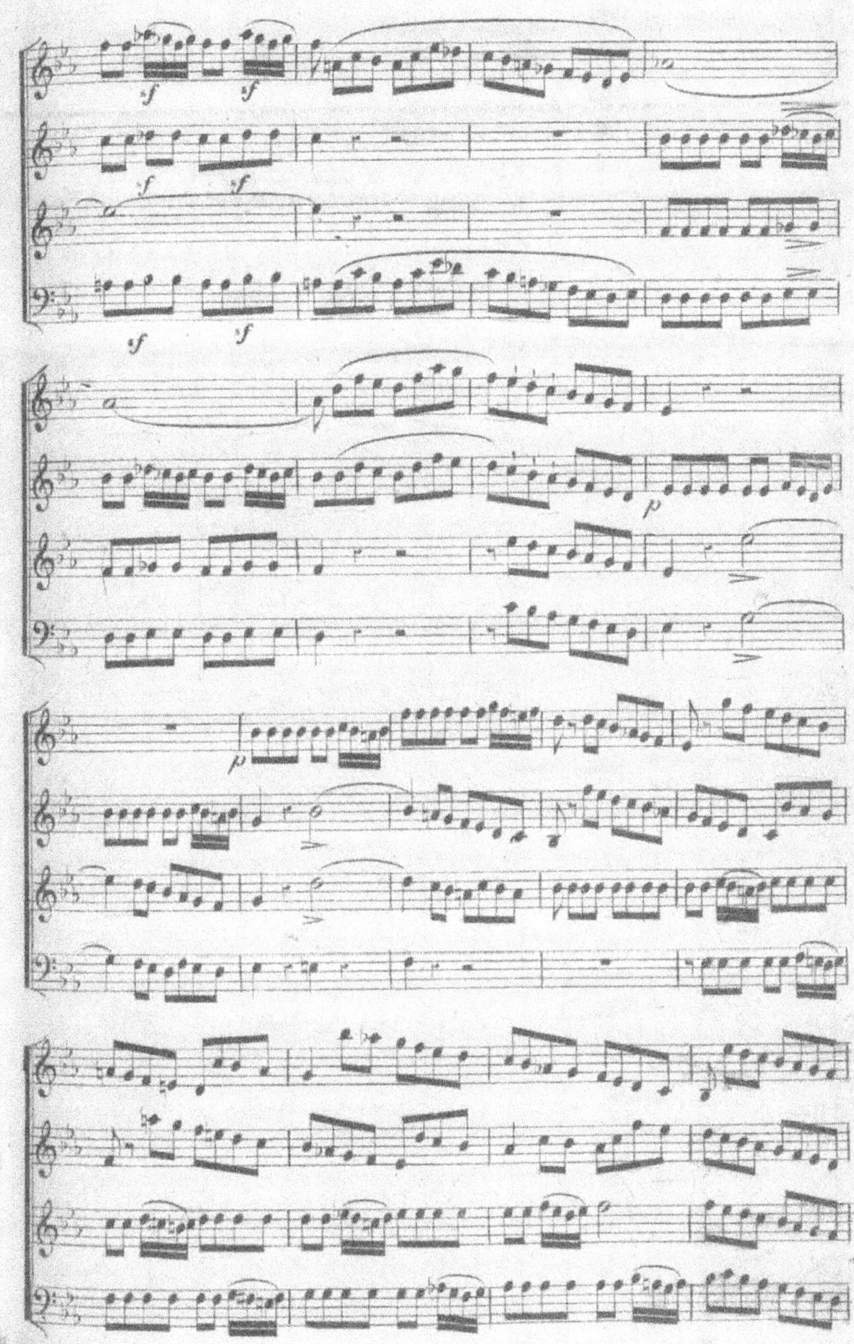

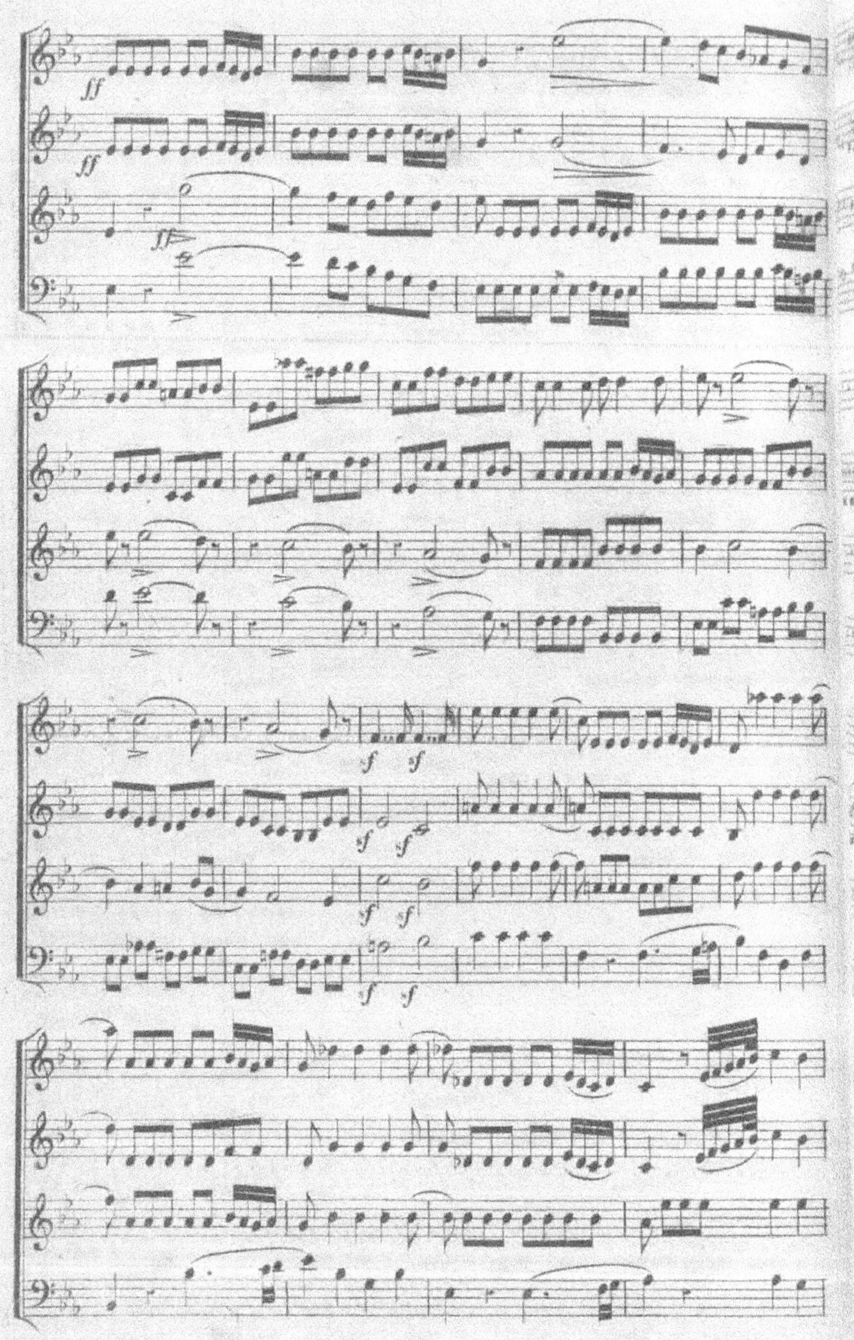

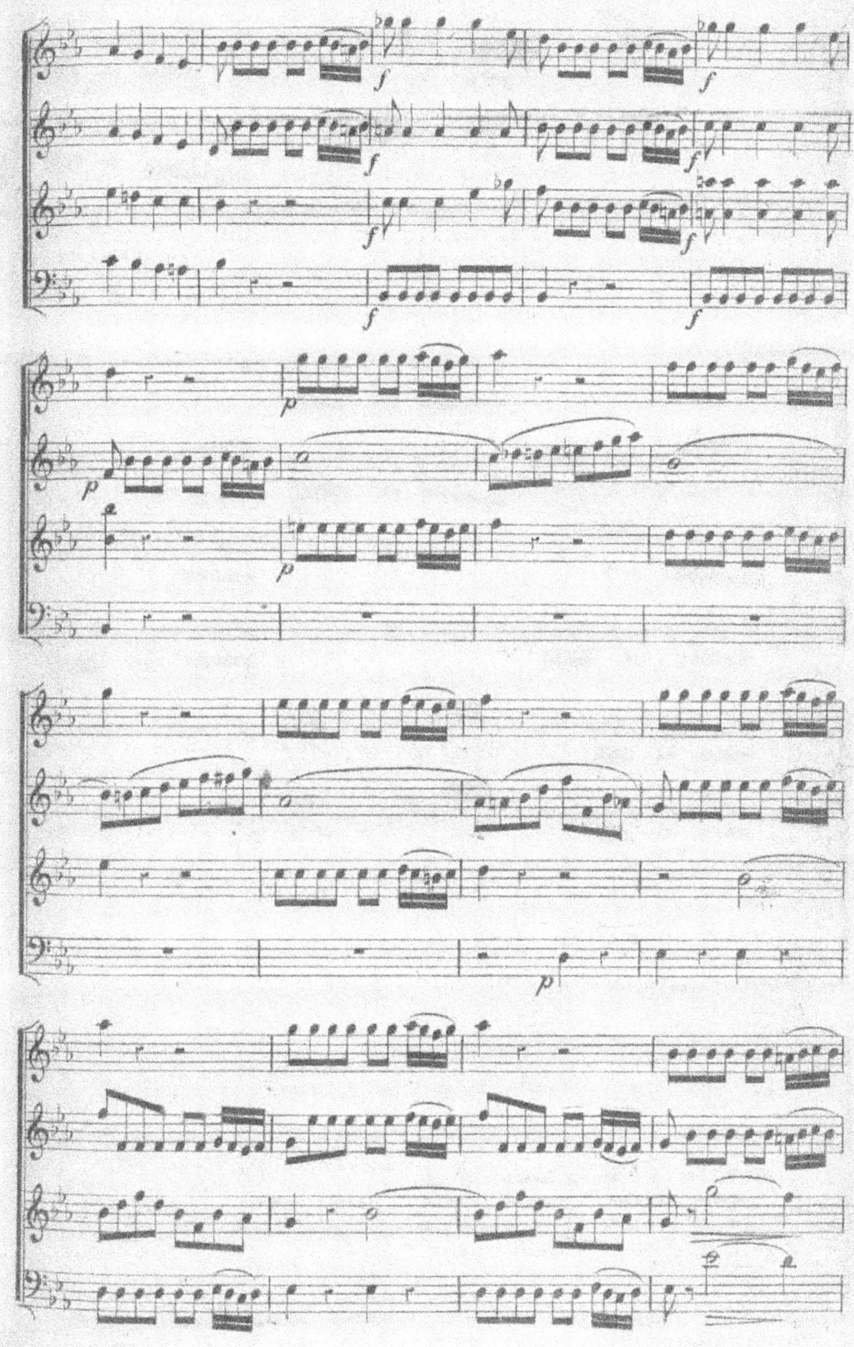

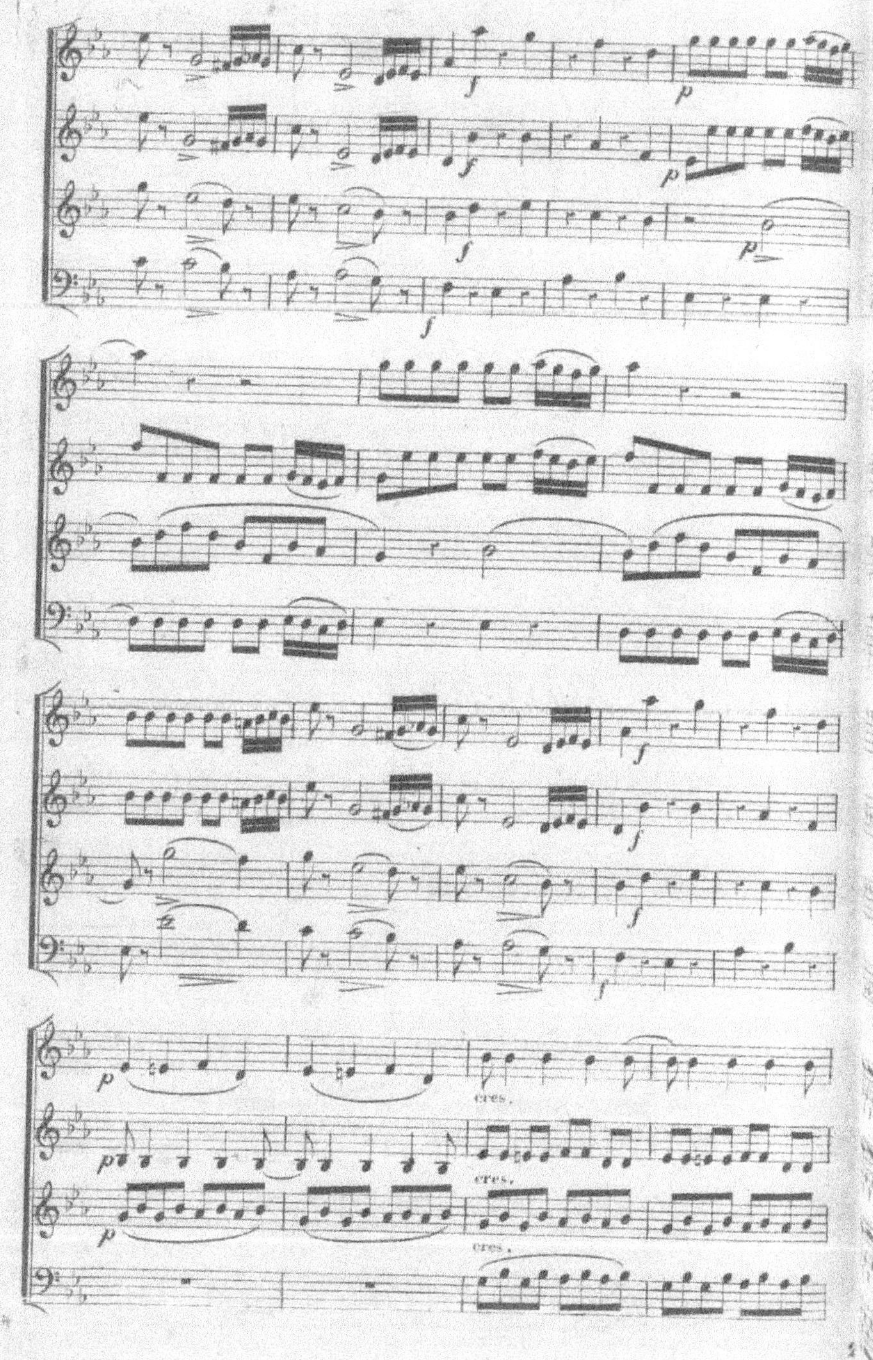
f
p
p
p
f
f
cres.
cres.
cres.

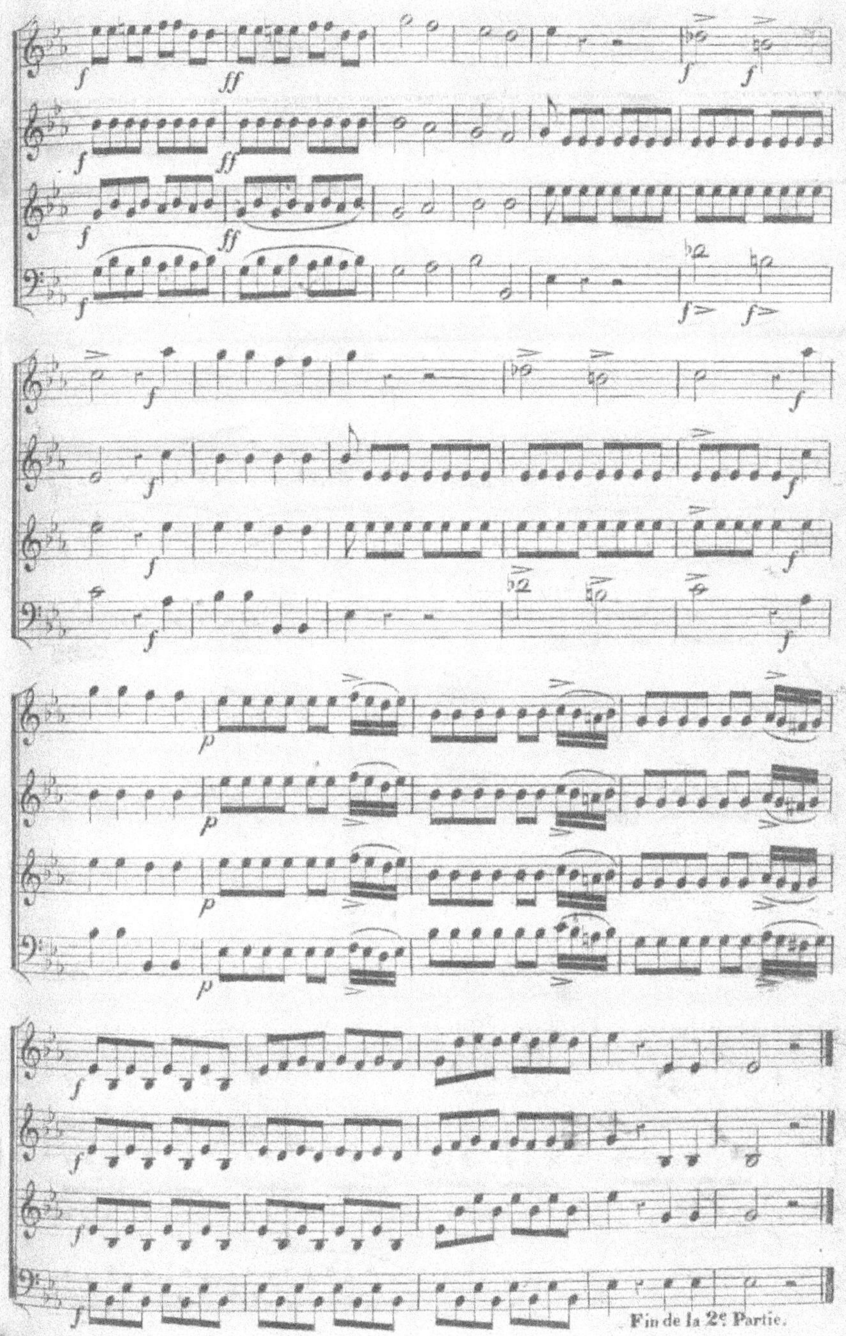
Fin de la 2.e Partie.